Pearson Scott Foresman

Desarrollo de guías de escritura y ejemplos de escritura

Glenview, Illinois
Boston, Massachusetts
Chandler, Arizona
Upper Saddle River, New Jersey

ISBN-13: 978-0-328-48787-5
ISBN-10: 0-328-48787-2

1 2 3 4 5 6 7 8 9 10 V0N4 19 18 17 16 15 14 13 12 11 10

Contenido

Apoyo a la escritura

Sugerencias para el uso de este libro

Este libro es más efectivo cuando se usa con las lecciones de escritura del programa *Calle de la Lectura* de Pearson Scott Foresman. Las guías de calificación y los ejemplos de escritura se pueden fotocopiar y distribuir o hacerse en transparencias. Aquí hay algunas sugerencias de cómo usar estos materiales.

- Distribuya copias de la página v a los niños. Repase paso a paso las explicaciones de las características de la escritura con la clase para desarrollar un contexto y así poder comentar las calificaciones.
- Muestre cada uno de los cuatro modelos de cada estilo en orden (puede empezar con la Calificación de 1 punto o la Calificación de 4 puntos). Vea paso a paso los comentarios que aparecen con los modelos para explicar cómo recibió cada uno su calificación.
- Después que los niños entiendan cómo dar una calificación, distribuya copias de los ejemplos de escritura de este libro sin las calificaciones. Trabaje con los niños para calificar un modelo.
- Muestre el modelo que tiene Calificación de 1 punto. Trabaje con los estudiantes para mejorar el modelo.
- Muestre el modelo de calificación para el tipo de escritura que esté enseñando. Pida a los niños que usen el modelo de calificación para evaluar sus propios trabajos de escritura.
- Distribuya copias de la Guía de autoevaluación de la página vi. Pida a los niños que usen esta guía para evaluar su trabajo.

Sugerencias para enseñar y evaluar la escritura

- Escoja una característica de la escritura para enfocarse cada semana. Forme grupos de estudiantes y asigne a cada grupo una característica de la escritura. Pídales que busquen esa característica de la escritura en las selecciones que leen y en sus trabajos de escritura y luego, que informen a la clase lo que encontraron.
- Lea pasajes cortos de literatura (por ejemplo, un cuento exagerado) y de otras áreas del contenido (por ejemplo, un texto de ciencias). Muéstreles cómo el propósito del autor determina la voz, el lenguaje y el estilo.
- Recuerde que un escritor puede manejar una característica de la escritura con más destreza que otra. Para dar una calificación, el evaluador debe medir la habilidad con la que el autor maneja cada característica de la escritura.
- Diga a los niños que al evaluar sus trabajos escritos, el darse una calificación de 3, 2, o hasta 1 punto no indica un fracaso. Saber identificar las áreas donde necesitan mejorar en sus futuros trabajos de escritura es una valiosa destreza.
- Anime a los niños a pensar como escritores. Hágales saber que temas, palabras e ideas están por todas partes. Sugiérales que lleven un cuaderno a la mano para anotar material, tal como conversaciones que escucharon, oraciones que les hayan gustado de sus lecturas y palabras intensas que hayan encontrado.
- Tome parte en los ejercicios de escritura de los niños. Comparta sus escritos con ellos y pídales que hagan observaciones sobre su trabajo.
- Demuestre cómo hacer observaciones constructivas de los trabajos de escritura. *(Palabras o frases tales como* se abalanzó *y* aplastó *crean una buena descripción de tu gata. Me dijiste que se llama* Boots. *¿Por qué tiene ese nombre? También mencionaste que tiene un lugar favorito donde dormir. ¿Puedes describir el lugar?)*

Características de la escritura

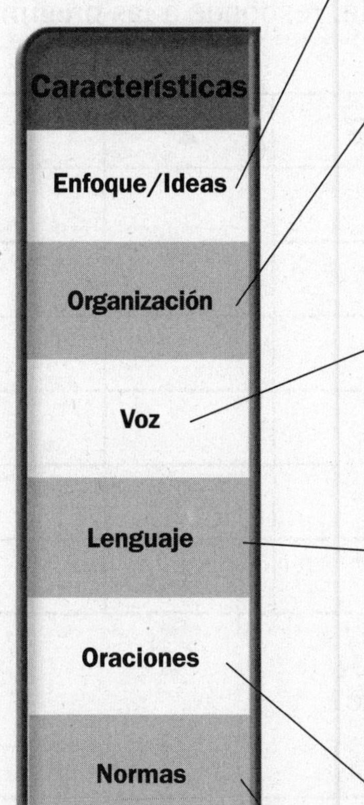

- **Enfoque/Ideas** se refiere al propósito principal de la escritura y a los detalles que hacen que el tema sea claro e interesante. Esto incluye el desarrollo de ideas a través de apoyo y la profundización del tema.

- **Organización** se refiere a la estructura en general que guía a los lectores a través un trabajo de escritura. Dentro de esa estructura, las palabras y frases de transición muestran cómo las ideas, las oraciones y los párrafos están conectados.

- **Voz** muestra la personalidad única del autor y establece una conexión entre autor y lector. La voz, que contribuye al estilo, debe afinarse al público y al propósito del trabajo escrito.

- **Lenguaje** es el uso de palabras precisas y expresivas para comunicarse de una manera efectiva y natural. Esto ayuda a crear un estilo a través del uso de ciertos sustantivos, verbos y adjetivos vívidos, y el uso preciso de complementos.

- **Oraciones** evalúa la solidez y construcción de oraciones que varían en longitud y tipo. Las oraciones bien construidas tienen un ritmo ameno y fluyen.

- **Normas** evalúa la mecánica y el manejo correcto de la gramática, el uso, la ortografía, la puntuación y la división de párrafos.

Guía de autoevaluación

Nombre ______________________________

Tipo de escritura ______________________________

Instrucciones: Repasa tu borrador final. Luego, evalúa tu trabajo y da una calificación del 1 al 4 (el 4 es la calificación más alta) a la manera en que manejaste cada característica de la escritura. Después que completes la tabla, responde a las preguntas.

Características de la escritura	4	3	2	1
Enfoque/Ideas				
Organización				
Voz				
Lenguaje				
Oraciones				
Normas				

1. ¿Cuál es la mejor parte de este trabajo escrito? ¿Por qué?

____

____

____

____

2. Escribe sobre una parte de este trabajo escrito que cambiarías si pudieras hacerlo de nuevo.

____

____

____

____

Ejemplos de escritura

Escribe acerca de una cosa divertida que te haya pasado a ti y a una mascota u otro animal.

Guía	4	3	2	1
Enfoque/Ideas	El lector puede entender el cuento.	El lector puede entender parte del cuento.	El lector no puede entender bien parte del cuento.	El lector no puede entender el cuento.
Organización	Tiene un buen principio, medio y final.	Tiene principio, medio y final.	Los sucesos están desordenados.	No tiene principio, medio y final.
Voz	Muestra claramente cómo se siente el escritor.	Muestra un poco cómo se siente el escritor.	No muestra muy bien cómo se siente el escritor.	No muestra los sentimientos del escritor.
Lenguaje	Usa palabras que ayudan al lector "a ver" el cuento.	Algunas palabras ayudan al lector "a ver" parte del cuento.	Las palabras no ayudan al lector "a ver" el cuento.	Las palabras son difíciles de leer.
Oraciones	Las oraciones no son todas iguales.	Las oraciones están completas.	Las oraciones están incompletas.	Las oraciones no están completas o claras.
Normas	Buena ortografía y buen uso de mayúsculas.	Dominio correcto de la ortografía y de las mayúsculas.	Pobre ortografiía y uso de las mayúsculas.	Uso muy pobre de la ortografía y de las mayúsculas.

¿Dónde está Trevor?

Mi perro Trevor le tiene miedo a las tormentas. Cuando escucha los truenos y rayos, se esconde debajo de mi cama.

La semana pasada un camión muy grande dejó un montón de tierra en la casa de enfrente. Fue muy ruidoso. Mas tarde, busqué a Trevor. No podía encontrarlo. Pense que se había escapado. ¿Dónde encontré a Trevor? ¡Estaba debajo de mi cama! Creo que penso que el ruido era un trueno. Yo me puse muy feliz al encontrarlo.

Puntuación 4

El cuento se mantiene en el tema e incluye detalles específicos. Tiene un comienzo, un medio y un final. El escritor se involucra en el tema. Palabras expresivas (*miedo, truenos, rayos, montón, ruidoso*) crean imágenes vívidas. Una pregunta y una exclamación añaden variedad a las oraciones. El escritor tiene buena gramática y buena ortografía, aunque faltan algunos acentos, y usa correctamente las mayúsculas.

Sandy

Un día yo y mi perra Sandy estabamos jugando en la nieve. Ella es un husky siberiano y ama la nieve. Yo salí y hice una bola de nieve. Se la lanze a Sandy. Ella saltó y se comio la bola y salto acia mi. Ella monto sus patas en mis hombros. Entonces corrí y ella corrio de tras de mi y me tunvo. Fue dibertido. Ella me iso reir. Fue un dia bien dibertido.

Puntuación 3

Esta es una buena respuesta a la instrucción. La narración tiene un claro comienzo, medio y final, y cuenta cómo la escritora se siente respecto al suceso descrito. Las oraciones son variadas, pero muchas comienzan con ella. Hay un error de conjunción (*y hice*) y varios errores de ortografía y acentuación que sin embargo no le restan demasiado a la escritura.

Un día ace mucho tienpo yo tenía 4 años. Yo estava parado al lado de la mesa de la cosina. Mi perro bino enrredo en mis piernas y yo resvale y cai sobre mi barriga.

Puntuación 2

Esta narración pareciera tener principio, medio y final. Sin embargo, el escritor no revela su personalidad o sentimientos acerca del suceso. La oración final tiene mala construcción y hay numerosos errores ortográficos para lo corto del párrafo.

En casa de mis avuelos Brester me tunvo. Brester es el perro de mi avuelo y mi avuela. Yo estava pekeño. Linda que fue comico. Brester me lameo. lameo la cara. Me asuto. pero dibertido.

Puntuación 1

Aunque la narración cumple la instrucción, se merece una baja puntuación por los fragmentos de oraciones y los errores ortográficos que confunden y demeritan gravemente la escritura.

Escríbele al alcalde o a otro líder de tu comunidad. Dale las gracias por lo que trabajadores como los bomberos o la policía hacen por la comunidad.

Guía	4	3	2	1
Enfoque/Ideas	El lector puede entender la carta.	El lector puede entender parte de la carta.	El lector no puede entender bien la carta.	El lector no puede entender la carta.
Organización	Tiene todas las partes de una carta.	Tiene casi todas las partes de una carta.	Faltan varias partes de una carta.	No tiene las partes de una carta.
Voz	Muestra claramente cómo se siente el escritor acerca del tema.	Muestra un poco cómo se siente el escritor acerca del tema.	No muestra muy bien cómo se siente el escritor acerca del tema.	No muestra los sentimientos del escritor acerca del tema.
Lenguaje	Usa palabras específicas que explican la idea principal.	Usa algunas palabras específicas que explican la idea principal.	Las palabras no ayudan a explicar la idea principal.	Las palabras son difíciles de leer.
Oraciones	Todas las oraciones están claras y completas.	La mayoría de las oraciones están claras y completas.	Algunas oraciones no están claras o completas.	Las oraciones no están completas o claras.
Normas	Utiliza buena puntuación y gramática.	Utiliza una correcta puntuación y gramática.	Utiliza una pobre puntuación y gramática.	Uso muy pobre de la puntuación y gramática.

645 Lawndale Dr.
Riverside, MO
3 de octubre de 20___

Estimado Sr. Jiménez:

Gracias por mantener Riverside seguro. Los policías, bomberos y fiscales de tránsito han hecho un excelente trabajo. La policía viene con las ambulancias o si uno necesita su ayuda. Los bomberos apagan el fuego cuando hay uno. Los fiscales de tránsito nos ayudan mucho. Ellos ponen sus señales de PARE en alto, y nos dejan cruzar la calle sin peligro. Los fiscales de tránsito siempre se aseguran de que uno no se haga daño o se de un golpe con un carro. ¡Muchas muchísimas gracias por mantener Riverside seguro!

Sinceramente,
Trina Hernández

Puntuación 4

Esta carta expresa sentimientos muy claros; frases como "han hecho un excelente trabajo" o "muchas muchísimas gracias" demuestran muy bien los sentimientos de la escritora. Todas las partes de una carta están incluidas, y todas las oraciones son claras y están completas. Las normas se dominan muy bien, con la pequeña excepción de una confusión entre la preposición *de* y la conjugación *dé*.

23 de agosto de 20___

Estimado, Sr. Alcalde

¡Gracias por los bomberos! Ellos nos ayudan de tantas formas. Como apagar incendios, rescatar a la gente del fuego, bajar gatos de los árboles, y enseñar a los niños como es ser un bombero. ¡El otro día uvo una esplosión de gas a dos millas de mi casa! Fue muy bueno que los bomberos apagaran el fuego. Me sentí muy vien gracias por los bomberos.

Cariños

Juan P.

Puntuación 3

Esta carta responde a la instrucción y muestra cómo el escritor se siente acerca del tema. El escritor utiliza ejemplos específicos de lo que hacen los bomberos para ayudar. Las oraciones están claras y completas, excepto la oración final. Una coma fuera de lugar en el saludo, una palabra innecesaria al principio de la tercera oración, una parte de la carta faltante (el encabezamiento) y tres errores ortográficos no le restan demasiado a la carta.

Estimada Sra. Gómez

La sarjento Sanchez vino a clace a ablarnos sobre ser un oficial de policía. Ella abló sobre su arma y sobre el esprei de pimenta. Ella nos dejó montarnos en su carro. Ella prendio las luses y la sirena. Ella nos ablo de seguridad. Ella nos dio una kalkomania, un brasalete y un lapis. Estoy contenta que la sarjento Sanchez trabaje en Gremantown.

Cariños Elena

Puntuación 2

Esta carta explica lo que hizo un oficial de policía durante su visita a la escuela, pero no le da las gracias al líder de la comunidad ni explica lo que el oficial hace por la comunidad. Le falta encabezamiento a la carta, así como las comas tanto en el saludo como en la despedida. Las oraciones están completas, pero la mayoría comienzan con "ella". Numerosos errores ortográficos también contribuyen a la baja puntuación de la carta.

Estimado Sr Bonbero,

Gracys por apagar los insendyos. Y pr salfar a mi amigo. Uste nos mantene ceguro. Gracias. Gus

Puntuación 1

Esta carta se dirige a un bombero y no a un líder de la comunidad. Los sentimientos del escritor están claros, pero a la carta le faltan encabezamiento y cierre, y la firma sigue directamente a la última oración. Adicionalmente, hay muchos errores ortográficos que interfieren con la lectura de la carta.

Escribe acerca de un lugar o cosa de la naturaleza. Describe este lugar o cosa.

Guía	4	3	2	1
Enfoque/Ideas	Tiene una idea principal fuerte y detalles interesantes.	Tiene una idea principal y algunos detalles.	Tiene una idea principal débil y pocos detalles.	No tiene idea principal o detalles de apoyo.
Organización	Una idea principal fuerte apoyada con hechos.	Tiene idea principal y pocos hechos.	La idea principal y los hechos no están claros.	No tiene hechos.
Voz	Muestra claramente que el escritor está interesado en el tema.	Muestra que el escritor está algo interesado en el tema.	No muestra casi que el escritor esté interesado en el tema.	No muestra que el escritor esté interesado en el tema.
Lenguaje	Usa palabras específicas para ayudar a la claridad de las ideas.	Algunas palabras ayudan a la claridad de las ideas.	Las palabras no ayudan a la claridad de las ideas.	Las palabras son difíciles de entender.
Oraciones	Las oraciones están completas, son claras y no todas son iguales.	Las oraciones están completas y son claras.	Algunas oraciones incompletas o poco claras.	Las oraciones no están completas o claras.
Normas	Buena ortografía y buen uso de mayúsculas.	Dominio correcto de la ortografía y de las mayúsculas.	Pobre ortografía y uso de las mayúsculas.	Uso muy pobre de la ortografía y de las mayúsculas.

La selva

La selva tiene muchos animales y árboles. Algunos animales que viven en la selva son los elefantes, las zebras, monos, loros, gorilas y leones. En la selva lluebe casi todos los días. La selva tiene miles de árboles y plantas. También hay enredaderas. A veces los monos se guindan de las enredaderas. A los monos les gusta subir a los árboles. A los loros les gustan los árboles también porque ellos son pájaros. A los elefantes y las zebras les gusta el suelo. Ellos no pueden subir árboles. Los gorilas y los leones a veces suben árboles y a veces caminan en el suelo. Los leones son los reyes de la selva.

Puntuación 4

Este artículo está enfocado en la selva y en las plantas y animales que se pueden encontrar en ella. El escritor está interesado en el tema y provee numerosos detalles acerca de diferentes animales de la selva. Las oraciones son bastante variadas, completas y claras. Hay dos errores ortográficos (*lluebe, zebras*) y un par de comas faltantes, pero ello no interfiere con la comprensión del texto.

El agua

El agua es realmente importante. Muchas muchas cosas viven en el agua! Hay peces, piedras, estrellas de mar, galletas de mar, tiburones y ballenas. Además hay más peces como los peces angle y los payaso. Sabías que el agua es muy muy muy buena para ti! Nosotros hacemos muchas cosas en el agua como, nadar, pescar, pasear en bote, también puedes surfear en las olas! olas! olas! El agua es divertida y todos necesitan el agua como los peces y las personas.

Puntuación 3

Este artículo está enfocado en el agua y sus usos y habitantes. El escritor está interesado y es entusiasta, y presenta una idea principal así como información de apoyo. Algunas palabras específicas son utilizadas, así como los nombres de diferentes criaturas. Las oraciones necesitan mejor conjunción, hay un error ortográfico (*angel*) y problemas con la puntuación, en especial con los signos de admiración y su diferencia de uso con respecto al inglés.

La playa

La playa tiene agua y arena. La arena es de pequeños pedacitos de piedras. Tu juegas en la arena. Puedes hacer un castiyo de arena. Puedes encontrar grandes piedras. Juegas a la pelota. Puedes enterar gente en la arena. Puedes acer un ueco. Puedes ver papagallos y gabiotas. Puedes pararte en la orilla y mojarte los pies. La arena cerca del agua esta mojada. La arena lejos del agua esta seca.

Puntuación 2

Este artículo sigue la instrucción. El escritor incluye detalles y hechos de apoyo. Las oraciones son claras y están completas. Sin embargo, no se siente la personalidad del escritor. Hay poca variación en el tipo de oración. Además, hay varios errores ortográficos y problemas de acentuación.

Mi papa se levanto y caminamos. A veces mi mamá va. A ella no le gusta los insetos. A mi no me gustan los mosquitos. pican. A mi me gusta dormir en una tienda de canpaña. Es dibertido, pero hay ruido. Me asuste una vez. Creo que era un oso.

Puntuación 1

Aunque esta respuesta muestra algo de dominio de las normas, se merece una puntuación baja porque no cumple con la instrucción. No se menciona el lugar de la naturaleza sobre el que se está escribiendo. La narración carece de cierre y hay errores ortográficos y problemas de acentuación y correspondencia de número.

Escribe un cuento sobre un niño o niña que pierde algo que aprecia mucho. Cuenta lo que sucede.

Guía	4	3	2	1
Enfoque/Ideas	El lector puede entender todo el cuento.	El lector puede entender casi todo el cuento.	El lector no puede entender muy bien el cuento.	El lector no puede entender el cuento.
Organización	Tiene un buen principio, medio y final.	Tiene principio, medio y final.	Los sucesos están desordenados.	No tiene principio, medio y final.
Voz	Muestra claramente cómo se siente el escritor.	Muestra un poco cómo se siente el escritor.	No muestra muy bien cómo se siente el escritor.	No muestra los sentimientos del escritor.
Lenguaje	Usa palabras que ayudan al lector "a ver" el cuento.	Algunas palabras ayudan al lector "a ver" parte del cuento.	Las palabras no ayudan al lector "a ver" el cuento.	Las palabras son difíciles de leer.
Oraciones	Las oraciones están completas, son claras y no son todas iguales.	Las oraciones están completas y claras.	Algunas oraciones están incompletas o no están claras.	Las oraciones no están completas o claras.
Normas	Utiliza buena puntuación y gramática.	Utiliza una adecuada puntuación y gramática.	Utiliza una pobre puntuación y gramática.	Uso muy pobre de la puntuación y gramática.

Henry se perdió

Había una vez un pequeño perro blanco llamado Henry. Cada día Henry y su dueña Graciela iban al parque. Ellos jugaban a atrapar la pelota, y a veces un palo. A Henry le encantaba correr rápido.

Una vez, Graciela lansó la bola muy lejos. Henry persiguió la pelota. La pelota se perdió. Y Henry se perdió también. Graciela buscó en todas partes pero no pudo encontrar a Henry. ¡Él había desaparecido! Ella estaba triste y tenía miedo y todavía buscó a Henry en su regreso a casa. Cuando llegó a casa Henry estaba sentado en la puerta esperando. Graciela estaba feliz.

Puntuación 4

El cuento utiliza sucesos bien ordenados para crear un claro comienzo, medio y final. Los personajes y sucesos son realistas y están enfocados en la instrucción, y la escritora usa transiciones (*Una vez, cuando*). Hay detalles que describen la apariencia del perro y las acciones, así como los sentimientos de Graciela. Hay alguno que otro error de ortografía y un verbo que probablemente esté en un tiempo incorrecto (*todavía buscó*), pero ello no interfiere con la comprensión.

Perdido y encontrado

Un día un niño pequeño estaba jugando con su juguete faborito. Su mamá le preguntó si él quería ir a la tienda con ella. Él dijo que sí. Él agarró sus cosas y se fueron. En la tienda compraron limones, mansanas, uvas y muchas otras cosas.

Cuando volbieron a la casa el niño fue direto a la sala para jugar con su jugete y... no estaba!!!! El niño miro debajo de la tabla, en su cama, y en el sofa. Entonces se fue a llorar a su cama y cuando estava dormido su mama lo encontro en una esquina de la sabana. Cuando se desperto vio que el juguete estaba ahi.

Puntuación 3

Los sucesos están en orden lógico, creando un claro comienzo, medio y final. El escritor usa algunas transiciones (*Un día, cuando*) que ayudan a la claridad de los sucesos. La mayoría de las oraciones están enfocadas en el tema. Se dan algunos detalles sobre la pérdida del juguete, pero detalles sobre lo que compraron la mamá y el niño en la tienda son innecesarios. Más detalles descriptivos harían más interesante el cuento. Hay errores ortográficos y hay problemas con el uso al estilo del inglés del signo de exclamación, pero en general el uso de la puntuación es correcto, en especial el de los puntos suspensivos que le da una variación en la oración muy interesante al cuento.

Burbujas y Bebé

Havía una vez un niño llamado Luke que tenía dos gatos.
Se llamavan Burbujas y Bebé. El amaba mucho. Burbujas era
anaranjado y Bebé era negro. Burbujas tenía ojos verdes
Bebé tenía ojos marrones. Ellos son los primeros gatos de
Luke. El estuvo muy triste cuando se murio.

Puntuación 2

El cuento sigue la instrucción de cierto modo, pero se centra en los gatos y no en la pérdida del niño. Se brindan detalles descriptivos de los gatos, pero pocos detalles adicionales. Hay errores ortográficos, de tiempos verbales, de puntuación y de construcción de las oraciones.

el Perro

esta persigiendo su cola
el perro esta coriendo
el perro esta saltando
el perro esta trepando

Puntuación 1

Este texto no tiene principio, medio y final. No hay sucesos, solo una lista de actividades que hace un perro. No se siente al escritor. La estructura de las oraciones es simple y repetitiva. La falta de puntuación y de mayúsculas puede ser falta de dominio sobre las normas. Hay errores ortográficos en cada línea, aunque esto no interfiere con la comprensión del lector.

Escribe un informe acerca de un inventor y su invento. Encuentra hechos sobre tu tema en libros, revistas o en la Internet.

Guía	4	3	2	1
Enfoque/Ideas	El lector aprende muchos hechos sobre el tema.	El lector aprende varios hechos sobre el tema.	El lector aprende pocos hechos sobre el tema.	El lector no aprende nada sobre el tema.
Organización	Los hechos están ordenados en párrafos.	Los hechos están mayormente ordenados en párrafos.	Algunos hechos están ordenados en párrafos.	Los hechos no están organizados.
Voz	Muestra claramente que el escritor conoce el tema.	Muestra suficientemente que el escritor conoce el tema.	No muestra muy bien que el escritor conoce el tema.	No muestra que el escritor conoce el tema.
Lenguaje	Usa palabras específicas para hablar del tema.	Usa algunas palabras específicas para hablar del tema.	Usa pocas palabras específicas para hablar del tema.	No usa palabras específicas para hablar del tema.
Oraciones	Las oraciones están completas, son claras y no son todas iguales.	Las oraciones están completas y son claras.	Algunas oraciones no están completas o no son claras.	Las oraciones no están completas o claras.
Normas	Buena ortografía y buen uso de mayúsculas.	Dominio correcto de la ortografía y de las mayúsculas.	Pobre ortografía y uso de las mayúsculas.	Uso muy pobre de la ortografía y de las mayúsculas.

La cremallera

En los años 1890s, los zapatos tenían muchos botones muy pequeños. Whitcomb L. Judson tuvo una idea. Creó las hebillas para zapatos, pero no funcionaron muy bien.

En 1913 Gideon Sundback tuvo una idea. El hizo que las hebillas para zapatos funcionaran mejor. Pero, aun así, las personas no las compraron.

En 1921 la Compañía B. F. Goodrich utilizó el invento del Sr. Sundback en las botas de lluvia y lo llamó la cremallera. Esta vez el invento se hizo muy popular. ¡Ahora se usa en todo el mundo!

Puntuación 4

El informe se ajusta al tema y da muchos hechos. La información es presentada en orden cronológico. El informe es interesante y bien documentado. La variedad en las oraciones (una oración compuesta y una exclamación) le añaden interés. La gramática, el uso de mayúsculas y la ortografía son excelentes.

Leonardo Da Vinci fue un famoso inventor. Nació el 15 de abril de 1452 en una villa italiana llamada Vinci. El nombre de Leonardo sicnifica Leonardo de la ciudad de Vinci. Leonardo escribio utilizando el espejo porque era zurdo. Esto quiere decir que escribio de derecha a isquierda y de atrás para lante.

Leonardo da Vinci fue un artista. El pinto dos famosas pinturas llamadas la Mona Lisa y La Última Cena. El tambien invento el paracaidas en forma de piramide. Leonardo da Vinci murió el 2 de mayo de 1597 cuando tenia 67 años.

Puntuación 3

Este informe incluye información interesante y está bien organizada. La voz está informada. El lenguaje es preciso y el escritor explica una información (*Esto quiere decir que*...). A pesar de que varias oraciones comienzan con *Leonardo* o con *Él*, las oraciones en general son fluidas y están bien construidas. Sin embargo, numerosos errores de acentuación y ortográficos le restan algo de valor al informe.

La historia de Hershey

El nombre del inventor de la barra de Hershey fue Milton S. Hershey. Al principio, el hiso caramelo no chocolate. Entonces comenso a aser chocolate cuvierto de caramelo. Después hizo las barras Hershey. Cuando las creo el se mudo de nuevo al puevlo donde nacio. Ahora se llama Hershey, Pennsylvania.

Puntuación 2

Este informe está enfocado y apoyado en algunos detalles. La información está generalmente organizada en secuencia y utiliza algunas palabras específicas para hablar del tema. El cuento se mantiene en el tema e incluye detalles específicos. Errores en las oraciones, en la puntuación y errores ortográficos, le restan al informe.

El aro

Los niños de Ejipto jugaban con aros. Ellos los hició de ramas de parra. Ellos las enrrollaban. Entonces alguien los hició de plastiko. Ellos las venderon y sacaron mucho dinero.

Fin

Puntuación 1

Las ideas están poco claras o no están bien desarrolladas. Las oraciones son incoherentes, y muchas de ellas comienzan con *ellos.* Una oración que contiene cláusulas independientes unidas sin la debida puntuación, formas verbales incorrectas (*hició, venderon*), la falta de sangría en el párrafo, y los errores ortográficos (*Ejipto, plastiko, enrrollaban*) descalifican seriamente el informe.

Guías de escritura semanales

Guía para calificar	6	5	4	3	2	1
Enfoque/Ideas	Narración enfocada en la mascota escogida, con acción en el cuento.	La narración incluye acción en el cuento.	Buena narración acerca de la mascota escogida, con algunos detalles	Narración generalmente enfocada en una mascota, con pocos detalles.	Narración incluye pocos detalles.	Escritura poco clara sin detalles
Organización	Sólido comienzo, medio y final.	Suficientemente sólido comienzo, medio y final.	Claro comienzo, medio y final	Reconocible comienzo, medio y final.	Poca dirección del comienzo al fin.	No tiene comienzo, medio ni final.
Voz	Muestra claramente cómo se siente el escritor respecto al tema.	Sentimientos claros y evidentes.	Muestra algunos sentimientos sobre el tema.	Sentimientos acerca del tema poco claros.	Necesita mostrar más sentimientos sobre el tema.	No muestra sentimientos sobre el tema.
Lenguaje	Palabras expresivas y precisas.	Palabras expresivas.	Palabras claras.	Se intenta tener un lenguaje claro.	Lenguaje adecuado con falta de palabras expresivas o claras.	Palabras imprecisas o mal utilizadas.
Oraciones	Todas las oraciones son claras y están completas.	La mayoría de las oraciones son claras y están completas.	Suficientes oraciones claras y completas.	Algunas oraciones claras y completas.	Pocas oraciones completas.	Muchas oraciones poco claras o incompletes.
Normas	Todas las oraciones comienzan con mayúscula y terminan con punto.	La mayoría de las oraciones comienzan con mayúscula y terminan con punto.	Suficientes oraciones comienzan con mayúscula y terminan con punto.	Pocas oraciones comienzan con mayúscula y terminan con punto.	Varias oraciones no tienen letra mayúscula y punto.	Muchos errores de mayúsculas y de uso de puntos.

Guía para calificar	5	4	3	2	1
Enfoque/Ideas	Narración enfocada en la mascota escogida, con acción en el cuento.	Buena narración acerca de la mascota escogida, con algunos detalles.	Narración generalmente enfocada en una mascota, con pocos detalles.	Narración incluye pocos detalles.	Escritura poco clara sin detalles.
Organización	Sólido comienzo, medio y final.	Claro comienzo, medio y final.	Reconocible comienzo, medio y final.	Poca dirección del comienzo al fin.	No tiene comienzo, medio ni final.
Voz	Muestra claramente cómo se siente el escritor respecto al tema.	Muestra algunos sentimientos sobre el tema.	Sentimientos acerca del tema poco claros.	Necesita mostrar más sentimientos sobre el tema.	No muestra sentimientos sobre el tema.
Lenguaje	Palabras expresivas y precisas.	Palabras claras.	Se intenta tener un lenguaje claro.	Lenguaje adecuado pero carente de palabras expresivas o claras.	Palabras imprecisas o mal utilizadas.
Oraciones	Todas las oraciones son claras y están completas.	La mayoría de las oraciones son claras y están completas.	Algunas oraciones están claras y completas.	Algunas oraciones están completas	Muchas oraciones están poco claras o incompletas.
Normas	Todas las oraciones comienzan con mayúscula y terminan con punto.	La mayoría de las oraciones comienzan con mayúscula y terminan con punto.	Algunas oraciones comienzan con mayúscula y terminan con punto.	Varias oraciones no tienen letra mayúscula y punto.	Muchos errores de mayúsculas y de uso de puntos.

Guía para calificar	4	3	2	1
Enfoque/Ideas	Narración enfocada en la mascota escogida, con acción en el cuento.	Buena narración acerca de la mascota escogida, con algunos detalles.	Narración generalmente enfocada en una mascota, con pocos detalles.	Escritura poco clara sin detalles.
Organización	Sólido comienzo, medio y final.	Reconocible comienzo, medio y final.	Poca dirección del comienzo al fin.	No tiene comienzo, medio ni final.
Voz	Muestra claramente cómo se siente el escritor respecto al tema.	Muestra algunos sentimientos sobre el tema.	Necesita mostrar más sentimientos sobre el tema.	No muestra sentimientos sobre el tema.
Lenguaje	Palabras expresivas y precisas.	Palabras claras.	Lenguaje adecuado pero carente de palabras expresivas o claras.	Palabras imprecisas o mal utilizadas.
Oraciones	Todas las oraciones son claras y están completas.	La mayoría de las oraciones son claras y están completas.	Algunas oraciones están completas.	Muchas oraciones están poco claras o incompletas
Normas	Todas las oraciones comienzan con mayúscula y terminan con punto	La mayoría de las oraciones comienzan con mayúscula y terminan con punto.	Varias oraciones no tienen letra mayúscula y punto.	Muchos errores de mayúsculas y de uso de puntos.

Guía para calificar	6	5	4	3	2	1
Enfoque/Ideas	Cuento imaginativo acerca de una persona y un animal, con elementos fantásticos.	Excelente narración acerca de una persona y un animal, con elementos fantásticos.	Buena narración acerca de una persona y un animal, con elementos fantásticos.	Narración generalmente enfocada acerca de una persona y un animal.	Narración sin enfoque acerca de una persona y un animal.	Escritura poco clara sin detalles o elementos fantásticos.
Organización	Tiene comienzo, medio y final y una imagen relacionada.	Tiene comienzo, medio y final e imagen.	Claro comienzo, medio y final.	Reconocible comienzo, medio y final.	Difícil reconocer el comienzo, medio y final o el arte.	Le falta comienzo, medio y final.
Voz	La imaginación del escritor y sus sentimientos respecto al tema son claros.	Los sentimientos del escritor respecto al tema son claros.	Buena participación del escritor	La imaginación del escritor es clara.	La imaginación del escritor y su participación no están muy claros.	Poca evidencia de imaginación o participación.
Lenguaje	Palabras expresivas y precisas.	Utiliza lenguaje claro y descriptivo.	Palabras expresivas.	Palabras claras.	Lenguaje adecuado pero le faltan palabras expresivas o claras.	Palabras imprecisas o mal utilizadas.
Oraciones	Todas las oraciones tienen o se refieren a un sujeto claro.	La mayoría de las oraciones tienen o se refieren a un sujeto claro.	Pocas oraciones incompletas; muchas oraciones tienen o se refieren a un sujeto claro.	Algunas oraciones incompletas.	Varias oraciones incompletes.	La mayoría o todas las oraciones están incompletes.
Normas	No hay errores en el uso de mayúsculas y en la puntuación.	Pocos errores en el uso de mayúsculas y en la puntuación.	Algunos errores en el uso de mayúsculas y en la puntuación.	Algunos errores que afectan la comprensión.	Muchos errores que afectan la comprensión.	Errores serios que impiden la comprensión.

Guía para calificar	5	4	3	2	1
Enfoque/Ideas	Cuento imaginativo acerca de una persona y un animal, con elementos fantásticos.	Buena narración acerca de una persona y un animal, con elementos fantásticos.	Narración generalmente enfocada acerca de una persona y un animal.	Narración sin enfoque acerca de una persona y un animal.	Escritura poco clara sin detalles o elementos fantásticos.
Organización	Tiene comienzo, medio y final y una imagen relacionada.	Tiene comienzo, medio y final e imagen.	Reconocible comienzo, medio y final o el arte.	Difícil reconocer el comienzo, medio y final o el arte.	Le falta comienzo, medio y final.
Voz	La imaginación del escritor y sus sentimientos respecto al tema son claros.	Los sentimientos del escritor respecto al tema son claros.	La imaginación del escritor es clara.	La imaginación del escritor y su participación no están muy claras	Poca evidencia de imaginación o participación.
Lenguaje	Palabras expresivas y precisas.	Palabras claras.	Algunas palabras claras.	Lenguaje adecuado pero le faltan palabras expresivas o claras.	Palabras imprecisas o mal utilizadas.
Oraciones	Todas las oraciones tienen o se refieren a un sujeto claro.	La mayoría de las oraciones tienen o se refieren a un sujeto claro.	Algunas oraciones incompletas.	Varias oraciones incompletes.	La mayoría o todas las oraciones están incompletas.
Normas	Pocos o ningún error en el uso de mayúsculas y en la puntuación.	No hay errores serios en el uso de mayúsculas y en la puntuación.	Pocos errores pero afectan la comprensión.	Algunos errores que afectan la comprensión.	Errores serios que impiden la comprensión.

Guía para calificar	4	3	2	1
Enfoque/Ideas	Cuento imaginativo acerca de una persona y un animal, con elementos fantásticos	Buena narración acerca de una persona y un animal, con elementos fantásticos.	Narración generalmente enfocada acerca de una persona y un animal.	Escritura poco clara sin detalles o elementos fantásticos.
Organización	Tiene comienzo, medio y final y una imagen relacionada.	Tiene comienzo, medio y final e imagen.	Difícil reconocer el comienzo, medio y final o el arte.	Le falta comienzo, medio y final.
Voz	La imaginación del escritor y sus sentimientos respecto al tema son claros	Los sentimientos del escritor respecto al tema son claros.	La imaginación del escritor y su participación no están muy claros.	Poca evidencia de imaginación o participación.
Lenguaje	Palabras expresivas y precisas.	Palabras claras.	Lenguaje adecuado pero le faltan palabras expresivas o claras.	Palabras imprecisas o mal utilizadas.
Oraciones	Todas las oraciones tienen o se refieren a un sujeto claro.	La mayoría de las oraciones tienen o se refieren a un sujeto claro.	Varias oraciones incompletas.	La mayoría o todas las oraciones están incompletas.
Normas	Pocos o ningún error en el uso de mayúsculas y en la puntuación.	No hay errores serios en el uso de mayúsculas y en la puntuación.	Algunos errores que afectan la comprensión.	Errores serios que impiden la comprensión.

POEMA CORTO

Guía para calificar	6	5	4	3	2	1
Enfoque/Ideas	Poema con un sólido enfoque en un tipo de animal y con detalles sensoriales.	Poema con un enfoque claro en un tipo de animal y con detalles sensoriales.	Poema enfocado en un tipo de animal con algún detalle sensorial.	Poema enfocado y apoyado con detalles sensoriales.	Poema con un enfoque débil en detalles sensoriales o sentimientos.	Líneas incoherentes sin un tema claro o detalles; no es un poema
Organización	Cuidadosamente organizado en versos, con descripciones comprensibles.	Organizado en versos; contiene descripciones.	Organizado en versos.	Por momentos pierde la organización en versos.	No está consistentemente organizado en versos.	Poco o no identificable orden.
Voz	Imaginativa y original, muestra detalles observados o imaginados.	Mayormente imaginativa y original; expresa algunos sentimientos.	Muestra detalles imaginados u observados.	Por momentos imaginativa y descriptive.	De cierta manera imaginativa; no original.	No imaginativa, descriptiva u original.
Lenguaje	Palabras expresivas y con rima; expresa sentimientos.	El lenguaje expresa los sentimientos del escritor.	Algunas palabras expresivas y con rima.	Usa pocas palabras descriptivas y con rima.	Muy poco uso de palabras expresivas o con rima.	Palabras imprecisas, sin brillo o incorrectas.
Oraciones	Oraciones claras con sujeto y predicado.	Oraciones mayormente claras con sujeto y predicado.	Oraciones suficientemente claras con sujeto y predicado.	Varias oraciones poco claras o con predicados incompletos.	Bastantes oraciones poco claras o con predicados incompletos.	Oraciones incoherentes o incorrectas.
Normas	Correcto uso de mayúsculas y predicados.	Mayormente uso correcto de mayúsculas y predicados.	Algunos errores de uso de mayúscula y predicados.	Varios errores que no afectan la comprensión del poema.	Suficientes errores como para afectar la comprensión del poema.	Muchos errores impiden la comprensión del poema.

Guía para calificar	5	4	3	2	1
Enfoque/Ideas	Poema con un sólido enfoque en un tipo de animal y con detalles sensoriales.	Poema con un enfoque claro en un tipo de animal; algunos detalles sensoriales.	Poema enfocado y apoyado con detalles sensoriales.	Poema con un enfoque débil en detalles sensoriales o sentimientos.	Líneas incoherentes sin un tema claro o detalles; no es un poema.
Organización	Cuidadosamente organizado en versos, con descripciones comprensibles.	Organizado en versos; contiene descripciones.	Organizado en versos.	No está consistentemente organizado en versos.	Poco o no identificable orden.
Voz	Imaginativa y original, muestra detalles observados o imaginados.	Mayormente imaginativa y original; expresa algunos sentimientos.	Por momentos imaginativa y descriptiva.	De cierta manera imaginativa; no original.	No imaginativa, descriptiva u original.
Lenguaje	Palabras expresivas y con rima; expresa sentimientos.	Algunas palabras expresivas y con rima.	Usa pocas palabras descriptivas y con rima.	Muy poco uso de palabras expresivas o con rima.	Palabras vagas, sin brillo o incorrectas
Oraciones	Oraciones claras con sujeto y predicado.	Oraciones mayormente claras con sujeto y predicado.	Algunas oraciones poco claras o con predicados incompletos.	Varias oraciones poco claras o con predicados incompletos.	Oraciones incoherentes o incorrectas.
Normas	Correcto uso de mayúsculas y predicados.	Mayormente uso correcto de mayúsculas y predicados.	Muchos errores que no afectan la comprensión del poema.	Suficientes errores como para afectar la comprensión del poema.	Muchos errores que impiden la comprensión del poema.

Guía para calificar	4	3	2	1
Enfoque/Ideas	Poema con un sólido enfoque en un tipo de animal y con detalles sensoriales.	Poema con un enfoque claro en un tipo de animal; algunos detalles sensoriales.	Poema con un enfoque débil en detalles sensoriales o sentimientos.	Líneas incoherentes sin un tema claro o detalles; no es un poema.
Organización	Cuidadosamente organizado en versos, con descripciones comprensibles.	Organizado en versos; contiene descripciones.	No está consistentemente organizado en versos.	Poco o no identificable orden.
Voz	Imaginativa y original, muestra detalles observados o imaginados.	Mayormente imaginativa y original; expresa algunos sentimientos.	De cierta manera imaginativa; no original.	No imaginativa, descriptiva u original.
Lenguaje	Palabras expresivas y con rima; expresa sentimientos.	Algunas palabras expresivas y con rima.	Poco uso de palabras expresivas o con rima.	Palabras imprecisas, sin brillo o incorrectas.
Oraciones	Oraciones claras con sujeto y predicado.	Oraciones mayormente claras con sujeto y predicado.	Varias oraciones poco claras o con predicados incompletos.	Oraciones incoherentes o incorrectas.
Normas	Correcto uso de mayúsculas y predicados.	Mayormente uso correcto de mayúsculas y predicados.	Suficientes errores como para afectar la comprensión del poema.	Muchos errores impiden la comprensión del poema.

Guía para calificar	6	5	4	3	2	1
Enfoque/Ideas	Excelente narración personal; detalles sólidos muestran lo que el escritor vio.	Buena narración personal; algunos buenos detalles de lo que el escritor vio.	Aceptable narración personal; algunos buenos detalles.	El tema de la narración es claro.	Narración personal no claramente acerca del tema; pocos detalles.	Poco o nada de enfoque en sí mismo o en animales en la narración; no hay detalles claros.
Organización	Bien desarrollado comienzo, medio y final; las palabras están en orden sensible	La mayoría de los sucesos presentados en claro comienzo, medio y final.	Comienzo, medio y final identificables; palabras en orden.	Los sucesos comienzan a ser contados en un orden reconocible.	Los sucesos contados fuera de orden o las palabras sin orden sensible.	Sucesos y palabras sin secuencia lógica.
Voz	Muestra claramente cómo se siente el escritor acerca de sucesos observados,	Los sentimientos del escritor son evidentes.	Suficientes vistazos de los sentimientos del escritor acerca del tema.	Visión limitada de los sentimientos del escritor.	No muestra cómo se siente el escritor acerca de sucesos observados.	No se siente la personalidad del escritor en la composición.
Lenguaje	Palabras apropiadas y con sentido acerca de sí mismo y de los animales.	Lenguaje descriptivo acerca de sí mismo y de los animales.	Algunas palabras claras acerca de sí mismo y de los animales.	Pocas palabras claras acerca del tema.	Palabras poco claras acerca del tema.	Palabras difíciles de entender.
Oraciones	Todas las oraciones están claras y completas.	La mayoría de las oraciones están claras y completas.	Muchas oraciones están claras y completas.	Algunas oraciones están claras y completas.	Algunas oraciones están incompletas.	Muchas oraciones están incompletas o poco claras.
Normas	Todas las oraciones comienzan con mayúscula y terminan con punto.	La mayoría de las oraciones comienzan con mayúscula y terminan con punto.	Suficientes oraciones comienzan con mayúscula y terminan con punto.	A algunas oraciones les faltan las mayúsculas o los puntos.	A varias oraciones les faltan las mayúsculas o los puntos.	Muchos errores en uso de mayúsculas y puntos.

Guía para calificar	5	4	3	2	1
Enfoque/Ideas	Excelente narración personal; detalles sólidos muestran lo que el escritor vio.	Buena narración personal; algunos buenos detalles de lo que el escritor vio.	El tema de la narración es claro.	Narración personal no claramente acerca del tema; pocos detalles.	Poco o nada de enfoque en sí mismo o en animales en la narración; no hay detalles claros.
Organización	Bien desarrollado comienzo, medio y final; las palabras están en orden sensible.	Comienzo, medio y final identificables; palabras en orden.	Los sucesos comienzan a ser contados en un orden reconocible	Los sucesos contados fuera de orden o las palabras sin orden sensible.	Sucesos y palabras sin secuencia lógica.
Voz	Muestra claramente cómo se siente el escritor acerca de sucesos observados.	Suficientes vistazos de los sentimientos del escritor acerca del tema.	Visión limitada de los sentimientos del escritor.	No muestra cómo se siente el escritor acerca de sucesos observados.	No se siente la personalidad del escritor en la composición.
Lenguaje	Palabras apropiadas y con sentido acerca de sí mismo y de los animales.	Algunas palabras claras acerca de sí mismo y de los animales.	Pocas palabras claras acerca del tema.	Palabras poco claras acerca del tema.	Palabras difíciles de entender.
Oraciones	Todas las oraciones están claras y completas.	La mayoría de las oraciones están claras y completas.	Algunas oraciones claras y completas.	Algunas oraciones completas.	Muchas oraciones incompletas o poco claras.
Normas	Todas las oraciones comienzan con mayúscula y terminan con punto.	La mayoría de las oraciones comienzan con mayúscula y terminan con punto.	A varias oraciones les faltan las mayúsculas o los puntos.	A bastantes oraciones les faltan las mayúsculas o los puntos.	Muchos errores en uso de mayúsculas y puntos.

Guía para calificar	4	3	2	1
Enfoque/Ideas	Excelente narración personal; detalles sólidos muestran lo que el escritor vio.	Buena narración personal; algunos buenos detalles de lo que el escritor vio.	Narración personal no claramente acerca del tema; pocos detalles.	Poco o nada de enfoque en sí mismo o en animales en la narración; no hay detalles claros.
Organización	Bien desarrollado comienzo, medio y final; las palabras están en orden sensible.	Comienzo, medio y final identificables; palabras en orden.	Los sucesos contados fuera de orden o las palabras sin orden sensible	Sucesos y palabras sin secuencia lógica.
Voz	Muestra claramente cómo se siente el escritor acerca de sucesos observados.	Algunos vistazos de los sentimientos del escritor acerca del tema.	No muestra cómo se siente el escritor acerca de sucesos observados.	No se siente la personalidad del escritor en la composición.
Lenguaje	Palabras apropiadas y con sentido acerca de sí mismo y de los animales.	Algunas palabras claras acerca de sí mismo y de los animales.	Palabras poco claras acerca del tema.	Palabras difíciles de entender.
Oraciones	Todas las oraciones están claras y completas.	La mayoría de las oraciones están claras y completas.	Algunas oraciones están completas.	Muchas oraciones están incompletas o poco claras.
Normas	Todas las oraciones comienzan con mayúscula y terminan con punto.	La mayoría de las oraciones comienzan con mayúscula y terminan con punto.	A varias oraciones les faltan las mayúsculas o los puntos.	Muchos errores en uso de mayúsculas y puntos.

Guía para calificar	6	5	4	3	2	1
Enfoque/Ideas	Narración enfocada con sucesos claros que podrían suceder realmente.	Narración generalmente enfocada con sucesos que podrían suceder realmente.	Narración suficientemente enfocada; la mayoría de los sucesos son realistas.	Narración con un enfoque débil; pocos sucesos son realistas.	Narración no claramente enfocada de principio a fin; sucesos no son realistas.	Narración sin enfoque; sucesos no son realistas.
Organización	Las oraciones están en orden, de principio, medio a final.	La mayoría de las oraciones están en orden, de principio, medio a final.	Suficientes oraciones están en orden, de principio, medio a final.	Pocas oraciones están en orden; algunas partes son débiles.	Las oraciones no están en orden; medio o final débil.	Sin un claro orden en las ideas.
Voz	El interés del escritor en el cuento es muy evidente y atrapa al lector.	El interés del escritor en el cuento es muy evidente.	El interés del escritor en el cuento es evidente.	La voz del escritor a veces es evidente.	El interés del escritor en el cuento no es muy evidente.	El escritor muestra poco interés.
Lenguaje	Palabras expresivas y precisas le dan vida al cuento.	Se incluye lenguaje que hace creíble el cuento.	El lenguaje le da suficiente vida al cuento.	El lenguaje es claro y adecuado.	El lenguaje es adecuado.	Palabras imprecisas, sin brillo o mal utilizadas.
Oraciones	Todas las oraciones están claras y completas.	La mayoría de las oraciones están claras y completas.	Algunas oraciones están claras y completas.	Pocas oraciones incompletas o con problemas de conjunción.	Algunas oraciones incompletas o con problemas de conjunción.	Muchas oraciones incompletas o con problemas de conjunción.
Normas	Todas las oraciones con un uso de mayúsculas y puntuación correctos.	La mayoría de las oraciones con un uso de mayúsculas y puntuación correctos.	Algunas oraciones con un uso de mayúsculas y puntuación correctos; pocos errors.	Muchos errores en el uso de las mayúsculas y la puntuación.	Un buen número de errores en el uso de las mayúsculas y la puntuación.	Los errores en el uso de mayúsculas y la puntuación impiden la comprensión.

Guía para calificar	5	4	3	2	1
Enfoque/Ideas	Narración enfocada con sucesos claros que podrían suceder realmente.	Narración generalmente enfocada con sucesos que podrían suceder realmente.	Narración suficientemente enfocada; la mayoría de los sucesos son realistas.	Narración no claramente enfocada de principio a fin; sucesos no son realistas.	Narración sin enfoque; sucesos no son realistas.
Organización	Las oraciones están en orden, de principio, medio a final	La mayoría de las oraciones están en orden, de principio, medio a final.	Algunas oraciones están en orden; algunas partes son débiles.	Las oraciones no están en orden; medio o final débil.	Sin un claro orden en las ideas.
Voz	El interés del escritor en el cuento es muy evidente	El interés del escritor en el cuento es evidente.	El interés del escritor en el cuento a veces es evidente	El interés del escritor en el cuento no es muy evidente.	El escritor muestra poco interés.
Lenguaje	Palabras expresivas y precisas le dan vida al cuento.	El lenguaje le da suficiente vida al cuento.	El lenguaje es claro y adecuado.	El lenguaje es adecuado.	Palabras imprecisas, sin brillo o mal utilizadas.
Oraciones	Todas las oraciones están claras y completas.	La mayoría de las oraciones están claras y completas.	Pocas oraciones incompletas o con problemas de conjunción	Algunas oraciones incompletas o con problemas de conjunción.	Muchas oraciones incompletas o con problemas de conjunción.
Normas	Todas las oraciones con un uso de mayúsculas y puntuación correctos.	La mayoría de las oraciones con un uso de mayúsculas y puntuación correctos.	Algunos errores en el uso de las mayúsculas y la puntuación.	Un buen número de errores en el uso de las mayúsculas y la puntuación.	Los errores en el uso de mayúsculas y la puntuación impiden la comprensión.

Guía para calificar	4	3	2	1
Enfoque/Ideas	Narración enfocada con sucesos claros que podrían suceder realmente.	Narración generalmente enfocada con sucesos que podrían suceder realmente.	Narración no claramente enfocada de principio a fin; sucesos no son realistas.	Narración sin enfoque; sucesos no son realistas.
Organización	Las oraciones están en orden, de principio, medio a final.	La mayoría de las oraciones están en orden, de principio, medio a final.	Las oraciones no están en orden; medio o final débil.	Sin un claro orden en las ideas.
Voz	El interés del escritor en el cuento es muy evidente.	El interés del escritor en el cuento es evidente.	El interés del escritor en el cuento no es muy evidente.	El escritor muestra poco interés.
Lenguaje	Palabras expresivas y precisas le dan vida al cuento.	Palabras claras le dan suficiente vida al cuento.	El lenguaje es adecuado.	Palabras vagas, sin brillo o mal utilizadas.
Oraciones	Todas las oraciones están claras y completas.	La mayoría de las oraciones están claras y completas.	Algunas oraciones incompletas o con problemas de conjunción.	Muchas oraciones incompletas o con problemas de conjunción.
Normas	Todas las oraciones con un uso de mayúsculas y puntuación correctos.	La mayoría de las oraciones con un uso de mayúsculas y puntuación correctos.	Un buen número de errores en el uso de las mayúsculas y la puntuación	Los errores en el uso de mayúsculas y la puntuación impiden la comprensión.

Guía para calificar	6	5	4	3	2	1
Enfoque/Ideas	Composición clara que se enfoca en un tema y habla de cosas y personas reales.	Composición que se enfoca en un tema y habla de cosas y personas reales.	Generalmente enfocada en el tema y habla de cosas y personas reales.	Intenta mantenerse en el tema y generalmente habla de cosas y personas reales.	Muestra dificultad para mantenerse en el tema; podría ser vista como ficción.	El tema no es claro; no habla de cosas o gente reales.
Organización	Cuenta las ideas claramente en un orden sensible.	Cuenta las ideas en un orden sensible.	Cuenta las ideas en un orden suficientemente sensible.	Muchas ideas contadas en un orden sensible.	Incluye ideas pero no en un orden sensible.	Las oraciones y el orden son difíciles de entender.
Voz	Expresa las ideas de manera interesante y con mucha originalidad.	Expresa las ideas de manera interesante.	Expresa las ideas claramente.	El interés del escritor en el tema es evidente.	No muestra interés del escritor en el tema.	Ausencia de participación en el tema.
Lenguaje	Utiliza palabras claras acerca del tema, animales salvajes.	Utiliza un lenguaje claro la mayor parte de la composición.	Utiliza palabras claras, con algunas excepciones.	Las palabras son apropiadas para el tema.	Algunas palabras no son claras o no se adecuan al tema.	Muchas palabras no son claras o no se adecuan al tema.
Oraciones	Cada oración está completa y expresa una idea.	La mayoría de las oraciones están completas y expresan una idea.	Muchas oraciones están completas y expresan una idea.	Pocas oraciones no están claras o están incompletas.	Algunas oraciones no están claras o están incompletas.	Las oraciones están incompletas o no son claras.
Normas	Todas las oraciones tienen la puntuación final correcta.	La mayoría de las oraciones tienen la puntuación final correcta.	Suficientes oraciones tienen la puntuación final correcta.	Algunas oraciones tienen la puntuación final incorrecta.	Bastantes oraciones tienen la puntuación final incorrecta.	Las oraciones tienen la puntuación final incorrecta.

Guía para calificar	5	4	3	2	1
Enfoque/Ideas	Se enfoca en un tema y habla de cosas y personas reales.	Generalmente enfocada en el tema y habla de cosas y personas reales.	Intenta mantenerse en el tema y generalmente habla de cosas y personas reales.	Muestra dificultad para mantenerse en el tema; podría ser vista como ficción.	El tema no es claro; no habla de cosas o gente reales.
Organización	Cuenta las ideas claramente en un orden sensible.	Cuenta las ideas en un orden sensible.	Muchas ideas contadas en un orden sensible.	Incluye ideas pero no en un orden sensible.	Las oraciones y el orden son difíciles de entender.
Voz	Expresa las ideas de manera interesante.	Expresa las ideas claramente.	El interés del escritor en el tema es evidente.	No muestra interés del escritor en el tema.	Ausencia de participación en el tema.
Lenguaje	Utiliza palabras claras acerca del tema, animales salvajes.	Utiliza palabras claras, con algunas excepciones.	Las palabras son apropiadas para el tema.	Algunas palabras no son claras o no se adecuan al tema.	Muchas palabras no son claras o no se adecuan al tema.
Oraciones	Cada oración está completa y expresa una idea.	La mayoría de las oraciones están completas y expresan una idea.	Pocas oraciones están completas y expresan una idea.	Algunas oraciones no están claras o están incompletas.	Las oraciones están incomplentas o no son claras.
Normas	Todas las oraciones tienen la puntuación final correcta.	La mayoría de las oraciones tienen la puntuación final correcta.	Pocas oraciones tienen la puntuación final correcta.	Algunas oraciones tienen la puntuación final incorrecta.	Las oraciones tienen la puntuación final incorrecta.

Guía para calificar	4	3	2	1
Enfoque/Ideas	Se enfoca en un tema y habla de cosas y personas reales	Generalmente enfocada en el tema y habla de cosas y personas reales.	Muestra dificultad para mantenerse en el tema; podría ser vista como ficción.	El tema no es claro; no habla de cosas o gente reales.
Organización	Cuenta las ideas claramente en un orden sensible.	Cuenta las ideas en un orden sensible.	Incluye ideas pero no en un orden sensible.	Las oraciones y el orden son difíciles de entender.
Voz	Expresa las ideas de manera interesante.	Expresa las ideas claramente.	No muestra interés del escritor en el tema.	Ausencia de participación en el tema.
Lenguaje	Utiliza palabras claras acerca del tema, animales salvajes	Utiliza palabras claras, con algunas excepciones.	Algunas palabras no son claras o no se adecuan al tema.	Muchas palabras no son claras o no se adecuan al tema.
Oraciones	Cada oración está completa y expresa una idea.	La mayoría de las oraciones están completas y expresan una idea	Algunas oraciones no están claras o están incompletas	Las oraciones están incompletas o no son claras.
Normas	Todas las oraciones tienen la puntuación final correcta.	La mayoría de las oraciones tienen la puntuación final correcta.	Algunas oraciones tienen la puntuación final incorrecta.	Las oraciones tienen la puntuación final incorrecta.

CARTA AMISTOSA

Guía para calificar	6	5	4	3	2	1
Enfoque/Ideas	Sólida carta persuasiva con razones claras y convincentes.	Buena carta persuasiva con algunas razones claras y convincentes.	Carta persuasiva con algunas razones convincentes.	Carta persuasiva con una o dos razones convincentes.	Carta persuasiva que se sale del tema; necesita razones más fuertes.	A la carta le faltan enfoque y razones que persuadan.
Organización	Tiene saludo, oraciones en un orden sensible, cierre y firma.	Tiene saludo, oraciones en un orden razonable, cierre y firma.	Falta una parte de la carta.	Faltan una parte de la carta y las oraciones no están en orden.	Faltan partes de la carta; las oraciones están sin orden aparente.	Faltan las partes de la carta; pocas oraciones, sin orden aparente.
Voz	Expresa sólidamente los sentimientos e ideas del escritor en una voz amistosa.	Mayormente expresa los sentimientos o ideas del escritor en una voz amistosa.	Generalmente expresa los sentimientos o ideas del escritor en una voz amistosa.	Dificultad para expresar sentimientos o para mantener una voz amistosa.	Dificultad para expresar sentimientos y para mantener una voz amistosa.	Están ausentes los sentimientos, la voz amistosa y el interés del escritor.
Lenguaje	Utiliza efectivamente palabras persuasivas.	Utiliza con efectividad algunas palabras persuasivas.	Incluye varias palabras persuasivas.	Utiliza muy pocas palabras persuasivas.	Falta lenguaje; no hay palabras persuasivas.	Escritura sin brillo y sin ningún intento de persuasión.
Oraciones	Oraciones variadas y completas.	Oraciones completas; algo de variedad.	Oraciones mayormente completas; poca variedad.	Oraciones generalmente completas; poca variedad.	Algunas oraciones incompletas o no son claras.	Oraciones incompletas o no son claras.
Normas	Utiliza sustantivos comunes correctamente; no hay o hay pocos errors.	Utiliza sustantivos comunes correctamente; no hay errores serios.	Utiliza sustantivos comunes correctamente; algunos errors.	Muchos errores; algunos sustantivos utilizados incorrectamente.	La mayoría de los sustantivos utilizados incorrectamente; muchos errors.	El número de errores serios impiden la comprensión.

Guía de escritura	5	4	3	2	1
Enfoque/Ideas	Sólida carta persuasiva con razones claras y convincentes.	Buena carta persuasiva con algunas razones claras y convincentes.	Carta persuasiva con algunas razones convincentes.	Carta persuasiva que se sale del tema; necesita razones más fuertes.	A la carta le faltan enfoque y razones que persuadan.
Organización	Tiene saludo, oraciones en un orden sensible, cierre y firma.	Tiene saludo, oraciones en un orden razonable, cierre y firma.	Faltan una o más partes de la carta o las oraciones están sin orden aparente.	Faltan una o más partes de la carta y las oraciones están sin orden aparente.	Faltan las partes de la carta; pocas oraciones, sin orden aparente.
Voz	Expresa sólidamente los sentimientos e ideas del escritor en una voz amistosa	Mayormente expresa los sentimientos o ideas del escritor en una voz amistosa.	Generalmente expresa los sentimientos o ideas del escritor en una voz amistosa.	Dificultad para expresar sentimientos o para mantener una voz amistosa.	Están ausentes los sentimientos, la voz amistosa y el interés del escritor
Lenguaje	Utiliza efectivamente palabras persuasivas.	Utiliza con efectividad algunas palabras persuasivas	Incluye varias palabras persuasivas	Falta lenguaje; pocas palabras persuasivas.	No utiliza palabras persuasivas.
Oraciones	Oraciones variadas y completas.	Oraciones completas; algo de variedad.	Oraciones mayormente completas; poca variedad.	Oraciones generalmente completas; poca variedad.	Oraciones están incompletas o no son claras.
Normas	Utiliza sustantivos comunes correctamente; no hay o hay pocos errors.	Utiliza sustantivos comunes correctamente; no hay errores serios.	Utiliza sustantivos comunes correctamente; algunos errors.	Muchos errores; algunos sustantivos utilizados incorrectamente.	El número de errores serios impiden la comprensión.

Guía de escritura	4	3	2	1
Enfoque/Ideas	Sólida carta persuasiva con razones claras y convincentes.	Buena carta persuasiva con algunas razones claras y convincentes.	Carta persuasiva que se sale del tema; necesita razones más fuertes.	A la carta le faltan enfoque y razones que persuadan.
Organización	Tiene saludo, oraciones en un orden sensible, cierre y firma.	Tiene saludo, oraciones en un orden razonable, cierre y firma.	Faltan una o más partes de la carta; oraciones sin orden aparente.	Faltan las partes de la carta; pocas oraciones, sin orden aparente.
Voz	Expresa sólidamente los sentimientos e ideas del escritor en una voz amistosa.	Expresa los sentimientos o ideas del escritor en una voz amistosa.	Dificultad para expresar sentimientos o para mantener una voz amistosa.	Están ausentes los sentimientos, la voz amistosa y el interés del escritor.
Lenguaje	Utiliza efectivamente palabras persuasivas.	Utiliza con efectividad algunas palabras persuasivas.	Falta lenguaje; pocas palabras persuasivas.	No utiliza palabras persuasivas.
Oraciones	Oraciones variadas y completas.	Oraciones completas; algo de variedad	Algunas oraciones incompletas o poco claras.	Oraciones están incompletas o no son claras.
Normas	Utiliza sustantivos comunes correctamente; no hay o hay pocos errores.	Utiliza sustantivos comunes correctamente; no hay errores serios.	Muchos errores; algunos sustantivos utilizados incorrectamente.	El número de errores serios impiden la comprensión.

Guía para calificar	6	5	4	3	2	1
Enfoque/Ideas	Se enfoca en un tema; interesantes datos acerca de personas y cosas reales.	Se enfoca en un tema y cuenta acerca de personas y cosas reales.	Hay cierto enfoque en un tema y cuenta acerca de personas y cosas reales.	Hay cierto enfoque en un tema o cuenta acerca de personas y cosas reales	Muestra dificultad para mantenerse en el tema; necesita datos más claros.	Se sale del tema; faltan hechos concretos.
Organización	Cuenta los hechos y las ideas claramente en un orden sensible.	Cuenta los hechos y las ideas en un orden sensible	La mayoría de los hechos e ideas están en orden.	Algunos hechos e ideas están en orden.	Los hechos y las ideas no están en un orden sensible.	Mezcla las ideas.
Voz	Expresa las ideas del escritor de formas interesantes.	Expresa las ideas del escritor en formas suficientemente interesantes.	Expresa las ideas con algo de interés.	Expresa las ideas con poco interés.	No muestra mucho interés en el tema.	No muestra ningún interes en el tema.
Lenguaje	Utiliza palabras claras, incluyendo al menos un sustantivo propio.	Usa palabras claras, aunque hay algunas excepciones; tiene un sustantivo propio.	La mayoría de las palabras se utilizan con claridad; tiene un sustantivo propio.	Varias palabras se utilizan con claridad; tiene un sustantivo propio	Varias palabras no son claras o no calzan con el tema.	Las palabras no son claras o se salen de tema.
Oraciones	Cada oración está completa; hay variedad en las oraciones	La mayoría de las oraciones están completas.	Algunas oraciones están completas.	Algunas oraciones no son claras.	Algunas oraciones están incompletas o no son claras.	Las oraciones están incompletas o no son claras.
Normas	El uso de las mayúsculas y la puntuación final son correctas.	Algún error en el uso de las mayúsculas o en la puntuación final.	Pocos errores en el uso de las mayúsculas o en la puntuación final.	Varios errores en el uso de las mayúsculas o en la puntuación final.	Muchas oraciones tienen errores en el uso de mayúsculas o en la puntuación.	Muchos errores; no hay sustantivos propios o no llevan mayúscula

Guía para calificar	5	4	3	2	1
Enfoque/Ideas	Se enfoca en un tema; interesantes datos acerca de personas y cosas reales	Generalmente enfocado en un tema y cuenta acerca de personas y cosas reales.	Hay cierto enfoque en un tema y cuenta acerca de personas y cosas reales.	Muestra dificultad para mantenerse en el tema; necesita datos más claros	Se sale del tema; faltan hechos concretos.
Organización	Cuenta los hechos y las ideas claramente en un orden sensible.	Cuenta los hechos y las ideas en un orden sensible.	Algunos hechos e ideas están en un orden sensible.	Los hechos y las ideas no están en un orden sensible.	Mezcla las ideas.
Voz	Expresa las ideas del escritor de formas interesantes.	Expresa las ideas del escritor en formas suficientemente interesantes.	Expresa las ideas con algo de interés.	No muestra mucho interés en el tema.	No muestra ningún interés en el tema.
Lenguaje	Usa palabras claras, incluyendo al menos un sustantivo propio.	Usa palabras claras, aunque hay algunas excepciones; tiene un sustantivo propio.	La mayoría de las palabras se utilizan con claridad; tiene un sustantivo propio.	Varias palabras no son claras o no calzan con el tema.	Las palabras no son claras o se salen de tema.
Oraciones	Cada oración está completa; hay variedad en las oraciones.	La mayoría de las oraciones están completas.	Algunas oraciones están completas.	Algunas oraciones están incompletas o no son claras.	Las oraciones están incompletas o no son claras.
Normas	El uso de las mayúsculas y la puntuación final son correctas.	Pocos errores en el uso de las mayúsculas o en la puntuación final.	Varios errores en el uso de las mayúsculas o en la puntuación final.	Muchas oraciones tienen errores en el uso de mayúsculas o en la puntuación.	Muchos errores; no hay sustantivos propios o no llevan mayúscula.

Guía para calificar	4	3	2	1
Enfoque/Ideas	Se enfoca en un tema; interesantes datos acerca de personas y cosas reales.	Generalmente enfocado en un tema y cuenta acerca de personas y cosas reales.	Muestra dificultad para mantenerse en el tema; necesita datos más claros.	Se sale del tema; faltan hechos concretos.
Organización	Cuenta los hechos y las ideas claramente en un orden sensible.	Cuenta los hechos y las ideas en un orden sensible.	Los hechos y las ideas no están en un orden sensible.	Mezcla las ideas.
Voz	Expresa las ideas del escritor de formas interesantes	Expresa las ideas del escritor en formas suficientemente interesantes.	No muestra mucho interés en el tema.	No muestra ningún interes en el tema.
Lenguaje	Utiliza palabras claras, incluyendo al menos un sustantivo propio.	Usa palabras claras, aunque hay algunas excepciones; tiene un sustantivo propio.	Varias palabras no son claras o no calzan con el tema.	Las palabras no son claras o se salen de tema.
Oraciones	Cada oración está completa; hay variedad en las oraciones.	La mayoría de las oraciones están completas.	Algunas oraciones están incompletas o no son claras.	Las oraciones están incompletas o no son claras.
Normas	El uso de las mayúsculas y la puntuación final son correctas.	Pocos errores en el uso de las mayúsculas o en la puntuación final.	Varias oraciones tienen errores en el uso de mayúsculas o en la puntuación.	Muchos errores; no hay sustantivos propios o no llevan mayúscula.

Guía para calificar	6	5	4	3	2	1
Enfoque/Ideas	Claramente ayuda al lector a entender a la gente y las ideas; detalles sólidos.	Ayuda al lector a entender a la gente y las ideas; detalles sólidos.	Ayuda al lector a entender a la gente y las ideas; a veces da detalles.	A veces ayuda al lector a entender a la gente y las ideas; a veces da detalles.	Intenta explicar gente e ideas; pocos detalles de apoyo	No explica gente o ideas; no hay detalles.
Organización	Idea principal y detalles en un orden claro y lógico	Ideas y detalles en un orden lógico.	Ideas y detalles en un orden comprensible.	La mayoría de ideas y detalles en orden lógico.	Ideas y detalles no están bien organizados.	Faltan ideas y detalles o no están organizados.
Voz	Muestra claramente el interés y las ideas del escritor	Muestra el interés y las ideas del escritor.	El interés y las ideas del escritor están presentes.	El interés y las ideas del escritor no siempre son evidentes.	Se siente poco el interés del escritor o sus ideas.	No expresa ni el interés ni las ideas del escritor
Lenguaje	Muchas palabras expresivas o precisas acerca del tema.	Suficiente uso de palabras expresivas o precisas acerca del tema.	Algunas palabras expresivas y precisas acerca del tema.	Pocas palabras expresivas o precisas acerca del tema.	El lenguaje sobre el tema raramente es expresivo.	Palabras imprecisas, sin brillo o incorrectas.
Oraciones	Todas las oraciones están completas y son claras.	La mayoría de las oraciones están completas y son claras.	Generalmente las oraciones están completas y son claras.	Varias oraciones incompletas o poco claras.	Muchas oraciones incompletas o poco claras.	Oraciones incompletas y poco claras.
Normas	Ningún error; Títulos personales con mayúscula y puntuación.	Pocos errores; títulos personales con mayúscula y puntuación.	No muchos errores; títulos personales con mayúscula y puntuación.	Varios errores pero no afectan la comprensión; algunos títulos personales no tienen mayúscula.	Los errores afectan la comprensión; los títulos personales no tienen mayúscula	Errores graves que impiden la comprensión.

Guía para calificar	5	4	3	2	1
Enfoque/Ideas	Claramente ayuda al lector a entender a la gente y las ideas; detalles sólidos	Ayuda al lector a entender a la gente y las ideas; tiene detalles.	A veces ayuda al lector a entender a la gente y las ideas; a veces da detalles.	Intenta explicar gente e ideas; pocos detalles de apoyo.	No explica gente o ideas; no hay detalles.
Organización	Idea principal y detalles en un orden claro y lógico.	Ideas y detalles en un orden lógico.	Algunas ideas y detalles en orden lógico.	Ideas y detalles no están bien organizados.	Faltan ideas y detalles o no están organizados.
Voz	Muestra claramente el interés y las ideas del escritor.	Muestra el interés y las ideas del escritor.	A veces muestra el interés y las ideas del escritor.	Se siente poco el interés del escritor o sus ideas	No expresa ni el interés ni las ideas del escritor.
Lenguaje	Muchas palabras expresivas o precisas acerca del tema.	Varias palabras expresivas y precisas acerca del tema.	Pocas palabras expresivas o precisas acerca del tema.	El lenguaje sobre el tema raramente es expresivo.	Palabras vagas, sin brillo o incorrectas.
Oraciones	Todas las oraciones están completas y son claras	La mayoría de las oraciones están completas y son claras.	Varias oraciones incompletas o poco claras.	Muchas oraciones incompletas o poco claras	Oraciones incompletas y poco claras.
Normas	Pocos o ningún error; títulos personales con mayúscula y puntuación.	No muchos errores; títulos personales con mayúscula y puntuación.	Varios errores pero no afectan la comprensión; algunos títulos personales no tienen mayúscula.	Los errores afectan la comprensión; los títulos personales no tienen mayúscula.	Errores graves que impiden la comprensión.

Guía para calificar	4	3	2	1
Enfoque/Ideas	Claramente ayuda al lector a entender a la gente y las ideas; detalles sólidos.	Ayuda al lector a entender a la gente y las ideas; tiene detalles.	Intenta explicar gente e ideas; pocos detalles de apoyo.	No explica gente o ideas; no hay detalles.
Organización	Idea principal y detalles en un orden claro y lógico	Ideas y detalles en un orden lógico	Ideas y detalles no están bien organizados	Faltan ideas y detalles o no están organizados
Voz	Muestra claramente el interés y las ideas del escritor.	Muestra el interés y las ideas del escritor.	Se siente poco el interés del escritor o sus ideas.	No expresa ni el interés ni las ideas del escritor.
Lenguaje	Muchas palabras expresivas o precisas acerca del tema.	Varias palabras expresivas y precisas acerca del tema.	Pocas palabras expresivas o precisas acerca del tema.	Palabras imprecisas, sin brillo o incorrectas.
Oraciones	Todas las oraciones están completas y son claras.	La mayoría de las oraciones están completas y son claras.	Muchas oraciones incompletas o poco claras.	Oraciones incompletas y poco claras.
Normas	Pocos o ningún error; títulos personales con mayúscula y puntuación	No muchos errores; títulos personales con mayúscula y puntuación.	Los errores afectan la comprensión; los títulos personales no tienen mayúscula.	Errores graves que impiden la comprensión.

Guía para calificar	6	5	4	3	2	1
Enfoque/Ideas	Sólido enfoque en el tema escogido; describe acciones.	Claro enfoque en el tema escogido; describe acciones.	Poema generalmente enfocado; clara descripción de acciones.	El enfoque no está claro; algunas descripciones claras.	Débil enfoque en el tema escogido; necesita descripciones más claras.	Líneas inconexas sin tema claro; no es un poema
Organización	Estrofas poéticas cortas describen sucesos en una secuencia comprensible	Estrofas poéticas cortas describen sucesos en secuencia.	La mayoría de las estrofas están dichas en secuencia.	Algunas estrofas organizadas en secuencia.	Estrofas no describen sucesos en secuencia.	No hay una secuencia u organización reconocible.
Voz	Imaginativa y original.	Mayormente imaginativa y original.	Por momentos imaginativa, original.	Poco imaginativa.	Intenta ser imaginativa; no es original.	Ni imaginativa ni original.
Lenguaje	Palabras bien escogidas, expresivas y con rima.	Algunas palabras bien escogidas, expresivas y con rima.	Se intenta utilizar palabras expresivas y con rima.	Lenguaje débil.	Pocos intentos de escoger palabras expresivas o con rima.	Palabras imprecisas e incorrectas.
Oraciones	Oraciones claras y correctas.	Oraciones mayormente claras y correctas.	Suficientes oraciones claras y correctas.	Algunas oraciones no son claras o son incorrectas.	Mayoría de oraciones incorrectas o no son claras.	Oraciones incoherentes o incorrectas.
Normas	Excelente dominio; no hay errores en el uso de mayúsculas.	Buen dominio; pocos errores en el uso de mayúsculas.	Dominio aceptable; algunos errores en el uso de mayúsculas.	Dominio limitado; los errores, incluyendo el uso de mayúsculas, afectan la claridad.	Dominio pobre; los errores, incluyendo el uso de mayúsculas, afectan la claridad.	Varios errores graves impiden la comprensión.

Guía para calificar	5	4	3	2	1
Enfoque/Ideas	Sólido enfoque en el tema escogido; describe acciones.	Claro enfoque en el tema escogido; describe acciones.	El enfoque no está claro; algunas descripciones claras.	Débil enfoque en el tema escogido; necesita descripciones más claras.	Líneas inconexas sin tema claro; no es un poema.
Organización	Estrofas poéticas cortas describen sucesos en una secuencia comprensible.	Estrofas poéticas cortas describen sucesos en secuencia.	Algunas estrofas organizadas en secuencia.	Estrofas no describen sucesos en secuencia.	No hay una secuencia u organización reconocible.
Voz	Imaginativa y original.	Mayormente imaginativa y original.	Poco imaginativa.	Intenta ser imaginativa; no es original.	Ni imaginativa ni original.
Lenguaje	Palabras bien escogidas, expresivas y con rima.	Algunas palabras bien escogidas, expresivas y con rima.	Lenguaje débil.	Pocos intentos de escoger palabras expresivas o con rima.	Palabras imprecisas e incorrectas.
Oraciones	Oraciones claras y correctas.	Oraciones mayormente claras y correctas.	Algunas oraciones no son claras o son incorrectas.	Mayoría de oraciones incorrectas o no son claras.	Oraciones incoherentes o incorrectas.
Normas	Excelente dominio; no hay errores en el uso de mayúsculas.	Buen dominio; pocos errores en el uso de mayúsculas.	Dominio aceptable; algunos errores en el uso de mayúsculas.	Poco dominio; los errores, incluyendo el uso de mayúsculas, afectan la claridad.	Varios errores graves impiden la comprensión.

Guía para calificar	4	3	2	1
Enfoque/Ideas	Sólido enfoque en el tema escogido; describe acciones.	Claro enfoque en el tema escogido; describe acciones.	Débil enfoque en el tema escogido; necesita descripciones más claras.	Líneas incoherentes sin tema claro; no es un poema.
Organización	Estrofas poéticas cortas describen sucesos en una secuencia comprensible.	Estrofas poéticas cortas describen sucesos en secuencia.	Estrofas no describen sucesos en secuencia.	No hay una secuencia u organización reconocible.
Voz	Imaginativa y original.	Mayormente imaginativa, original.	Intenta ser imaginativa; no es original.	Ni imaginativa ni original.
Lenguaje	Palabras bien escogidas, expresivas y con rima.	Algunas palabras bien escogidas, expresivas y con rima.	Pocos intentos de escoger palabras expresivas o con rima.	Palabras imprecisas e incorrectas.
Oraciones	Oraciones claras y correctas.	Oraciones mayormente claras y correctas.	Mayoría de oraciones incorrectas o no son claras.	Oraciones incoherentes o incorrectas.
Normas	Excelente dominio; no hay errores en el uso de mayúsculas.	Buen dominio; pocos errores en el uso de mayúsculas.	Poco dominio; los errores, incluyendo el uso de mayúsculas, afectan la claridad.	Varios errores graves impiden la comprensión.

DESCRIPCIÓN

Guía para calificar	6	5	4	3	2	1
Enfoque/Ideas	Descripción excelente, enfocada en cosas reales; detalles sólidos y expresivos.	Buena descripción, enfocada en cosas reales; algunos detalles expresivos.	Descripción generalmente enfocada; pocos detalles expresivos.	Descripción no siempre enfocada; necesita más detalles expresivos.	Enfoque débil; pocos detalles expresivos.	Descripción no enfocada; no hay detalles expresivos.
Organización	El tema es identificado rápidamente; detalles de apariencia y acción tienen sentido.	El tema es identificado rápidamente; los detalles y el orden generalmente tienen sentido.	El tema no se identifica rápidamente pero el orden se presta a confusión.	El tema no se identifica rápidamente; los detalles son confusos.	El tema no se identifica rápidamente; ni el orden ni los detalles están claros.	El tema no está claramente identificado; no hay orden ni detalles.
Voz	Muestra claramente una fotografía mental del tema escogido por el escritor.	Muestra las imágenes mentales del tema escogido por el escritor.	A veces muestra las imágenes mentales del escritor.	No muestra claramente las imágenes mentales del escritor.	Los sentimientos o el interés del escritor no son evidentes en la descripción.	No muestra imágenes mentales o interés del escritor.
Lenguaje	Palabras expresivas y precisas hacen un dibujo para los lectores.	Suficientes palabras expresivas y precisas para ayudar al lector a desarrollar una imagen.	Algunas palabras expresivas y precisas.	Pocas palabras expresivas y precisas.	Hay intentos de utilizar palabras expresivas pero no hay precisión.	No hay palabras expresivas ni precisas.
Oraciones	Oraciones completas, claras y variadas.	Oraciones claras y completas; algo de variedad.	Pocas oraciones incompletas o poco claras.	Algunas oraciones incompletas o poco claras.	Varias oraciones incompletas o poco claras.	Oraciones están incompletas y no son claras.
Normas	No hay o hay pocos errores; los sustantivos plurales están correctos.	No hay errores serios; sustantivos plurales correctos.	Pocos errores serios; Pocos sustantivos plurales incorrectos.	Varios errores serios; varios sustantivos plurales incorrectos.	Varios errores serios; muchos sustantivos plurales incorrectos.	Muchos errores serios; los sustantivos plurales están incorrectos.

Guía para calificar	5	4	3	2	1
Enfoque/Ideas	Descripción excelente, enfocada en cosas reales; detalles sólidos y expresivos.	Buena descripción, enfocada en cosas reales; algunos detalles expresivos.	Descripción generalmente enfocada; pocos detalles expresivos.	Descripción no siempre enfocada; necesita más detalles expresivos.	Descripción no enfocada; no hay detalles expresivos.
Organización	El tema es identificado rápidamente; detalles de apariencia y acción tienen sentido.	El tema es identificado rápidamente; los detalles y el orden generalmente tienen sentido.	El tema no se identifica rápidamente; los detalles son confusos.	El tema no se identifica rápidamente; ni el orden ni los detalles están claros.	El tema no está claramente identificado; no hay orden ni detalles.
Voz	Muestra claramente una fotografía mental del tema escogido por el escritor.	Muestra las imágenes mentales del tema escogido por el escritor.	A veces muestra las imágenes mentales del escritor.	No muestra claramente las imágenes mentales del escritor.	No muestra imágenes mentales o interés del escritor.
Lenguaje	Palabras expresivas y precisas hacen un dibujo para los lectores.	Suficientes palabras expresivas y precisas para ayudar al lector a desarrollar una imagen.	Algunas palabras expresivas y precisas.	Pocas palabras expresivas y precisas.	No hay palabras expresivas ni precisas.
Oraciones	Oraciones completas, claras y variadas.	Oraciones claras y completas; algo de variedad.	Pocas oraciones incompletas o poco claras.	Varias oraciones incompletas o poco claras.	Oraciones están incompletas y no son claras.
Normas	No hay o hay pocos errores; los sustantivos plurales están correctos.	No hay errores serios; sustantivos plurales correctos.	Pocos errores serios; Pocos sustantivos plurales incorrectos.	Varios errores serios; varios sustantivos plurales incorrectos.	Muchos errores serios; los sustantivos plurales están incorrectos.

Guía para calificar	4	3	2	1
Enfoque/Ideas	Descripción excelente, enfocada en cosas reales; detalles sólidos y expresivos.	Buena descripción, enfocada en cosas reales; algunos detalles expresivos.	Descripción no siempre enfocada; necesita más detalles expresivos.	Descripción no enfocada; no hay detalles expresivos.
Organización	El tema es identificado rápidamente; detalles de apariencia y acción tienen sentido.	El tema es identificado rápidamente; los detalles y el orden generalmente tienen sentido.	El tema no se identifica rápidamente; los detalles son confusos.	El tema no está claramente identificado; no hay orden ni detalles.
Voz	Muestra claramente una fotografía mental del tema escogido por el escritor.	Muestra las imágenes mentales del tema escogido por el escritor.	No muestra claramente las imágenes mentales del escritor.	No muestra imágenes mentales o interés del escritor.
Lenguaje	Palabras expresivas y precisas hacen un dibujo para los lectores.	Algunas palabras expresivas y precisas ayudan al lector a desarrollar una imagen.	Pocas palabras expresivas y precisas.	No hay palabras expresivas ni precisas.
Oraciones	Oraciones completas, claras y variadas.	Oraciones claras y completas; algo de variedad.	Algunas oraciones incompletas o poco claras.	Oraciones están incompletas y no son claras.
Normas	No hay o hay pocos errores; los sustantivos plurales están correctos.	No hay errores serios; sustantivos plurales correctos.	Algunos errores serios; algunos sustantivos plurales incorrectos.	Muchos errores serios; los sustantivos plurales están incorrectos.

Guía para calificar	6	5	4	3	2	1
Enfoque/Ideas	Explica claramente ideas importantes acerca del tema escogido.	Explica ideas importantes acerca del tema escogido.	Explica algunas ideas sobre el tema escogido.	Explica pocas ideas sobre el tema escogido.	Expresa pocas ideas sobre el tema escogido.	Las ideas no explican o describen cosas reales.
Organización	Presenta ideas y detalles en un orden lógico.	Presenta ideas y detalles en un orden generalmente lógico.	Algunas ideas y detalles no están en un orden lógico.	Muchas ideas y detalles no están en un orden lógico.	Por momentos se intenta tener un orden lógico.	Falta estructura y orden lógico.
Voz	Muestra el interés del escritor y su entendimiento del tema.	Muestra el interés del escritor y un entendimiento básico del tema.	El interés del escritor y su entendimiento del tema generalmente está claro.	El interés del escritor y su entendimiento del tema a veces no está claro.	Se siente poco el interés del escritor o su entendimiento del tema.	No muestra interés o entendimiento del escritor.
Lenguaje	Palabras precisas y expresivas claramente explican y describen.	Algunas palabras expresivas y precisas explican y describen.	Pocas palabras expresivas y precisas para explicar y describir.	El lenguaje utilizado para describir y explicar es débil.	Lenguaje poco claro y sin brillo.	Palabras imprecisas e incorrectas.
Oraciones	Oraciones completas y claras de diferente extensión.	Oraciones mayormente claras y completas de diferente extensión.	Pocas oraciones no son claras o están incompletas.	Varias oraciones no son claras o están incompletas.	Bastantes oraciones no son claras o están incompletas.	Oraciones incompletas o confusas.
Normas	Sustantivos utilizados correctamente en todas las oraciones; pocos errores.	Sustantivos utilizados correctamente en la mayoría de las oraciones; pocos errores.	Sustantivos a veces utilizados correctamente; varios errores.	Uso limitado de los sustantivos; algunos errores podrían dificultar la comprensión.	Débil uso de los sustantivos; suficientes errores para dificultar la comprensión.	Débil uso de los sustantivos; muchos errores impiden la comprensión.

Guía para calificar	5	4	3	2	1
Enfoque/Ideas	Explica claramente ideas importantes acerca del tema escogido.	Explica ideas importantes acerca del tema escogido.	Expresa algunas ideas sobre el tema escogido.	Expresa pocas ideas sobre el tema escogido.	Las ideas no explican o describen cosas reales.
Organización	Presenta ideas y detalles en un orden lógico	Presenta ideas y detalles en un orden generalmente lógico	Algunas ideas y detalles no están en un orden lógico	Muchas ideas y detalles no están en un orden lógico.	Falta estructura y orden lógico.
Voz	Muestra el interés del escritor y su entendimiento del tema.	Muestra el interés del escritor y un entendimiento básico del tema.	El interés del escritor o su entendimiento del tema a veces no está claro.	Se siente poco el interés del escritor o su entendimiento del tema.	No muestra interés o entendimiento del escritor.
Lenguaje	Palabras precisas y expresivas claramente explican y describen.	Algunas palabras expresivas y precisas explican y describen.	Pocas palabras expresivas y precisas para explicar y describir.	El lenguaje utilizado para describir y explicar es débil.	Palabras imprecisas e incorrectas.
Oraciones	Oraciones completas y claras de diferente extensión.	Oraciones mayormente claras y completas de diferente extensión.	Pocas oraciones no son claras o están incompletas.	Varias oraciones no son claras o están incompletas.	Oraciones incompletas o confusas.
Normas	Sustantivos utilizados correctamente en todas las oraciones; pocos errores.	Sustantivos utilizados correctamente en la mayoría de las oraciones; pocos errores.	Sustantivos a veces utilizados correctamente; varios errores.	Débil uso de los sustantivos; suficientes errores para dificultar la comprensión.	Débil uso de los sustantivos; muchos errores impiden la comprensión.

Guía para calificar	4	3	2	1
Enfoque/Ideas	Explica claramente ideas importantes acerca del tema escogido.	Explica ideas importantes acerca del tema escogido.	Expresa algunas ideas sobre el tema escogido.	Las ideas no explican o describen cosas reales.
Organización	Presenta ideas y detalles en un orden lógico.	Presenta ideas y detalles en un orden generalmente lógico.	Algunas ideas y detalles no están en un orden lógico.	Falta estructura y orden lógico.
Voz	Muestra el interés del escritor y su entendimiento del tema.	Muestra el interés del escritor y un entendimiento básico del tema.	Se siente poco el interés del escritor o su entendimiento del tema.	No muestra interés o entendimiento del escritor.
Lenguaje	Palabras precisas y expresivas claramente explican y describen.	Algunas palabras expresivas y precisas explican y describen.	Pocas palabras expresivas y precisas para explicar y describir.	Palabras imprecisas e incorrectas.
Oraciones	Oraciones completas y claras de diferente extensión.	Oraciones mayormente claras y completas de diferente extensión.	Algunas oraciones no son claras o están incompletas.	Oraciones incompletas o confusas.
Normas	Sustantivos utilizados correctamente en todas las oraciones; pocos errores.	Sustantivos utilizados correctamente en la mayoría de las oraciones; pocos errores.	Débil uso de los sustantivos; suficientes errores para dificultar la comprensión.	Débil uso de los sustantivos; muchos errores impiden la comprensión.

CUENTO REALISTA

Guía para calificar	6	5	4	3	2	1
Enfoque/Ideas	Cuento coherente, con personajes, ambiente y sucesos que parecen reales.	Los personajes, ambiente y sucesos del cuento parecen reales.	Los personajes, ambiente y sucesos del cuento lucen convincentes.	Los personajes, ambiente y sucesos del cuento lucen convincentes pero necesitan más detalles.	No todos los personajes, sucesos o el ambiente del cuento lucen reales.	Personajes, ambiente y sucesos están poco claros o no son realistas.
Organización	Tiene un principio, medio y final bien desarrollado.	Tiene principio, medio y final.	Tiene principio, medio y final con pocos saltos.	A veces el principio, medio y final no está claro o los sucesos no están en orden.	Principio, medio y final no está claro o los sucesos no están en orden.	Los sucesos del cuento lucen desordenados.
Voz	Un cuento original que refleja el interés del escritor.	Refleja el interés o participación del escritor.	Refleja algo el interés o participación del escritor.	Intentos de reflejar el interés o participación del escritor.	No refleja claramente el interés del escritor o su participación.	Poca evidencia del interés o participación del escritor.
Lenguaje	Verbos de acción expresivos y palabras de transición le dan vida al cuento.	Verbos de acción claros y palabras de transición hacen comprensible el cuento.	Algunos verbos de acción y palabras de transición hacen comprensible el cuento.	Uso aceptable de verbos de acción y otras palabras.	Verbos de acción y otras palabras adecuados.	Faltan verbos de acción claros, palabras expresivas y palabras de transición.
Oraciones	Todas las oraciones son claras y están completas.	La mayoría de las oraciones están claras y completas.	Las oraciones generalmente están claras y completas.	Las oraciones generalmente están completas, algunas inconsistencias.	Algunas oraciones poco claras e incompletas	Muchas oraciones poco claras o incompletas.
Normas	Pocos o ningún error de ortografía, en el uso de verbos o en otras normas.	Errores de ortografía o en el uso de verbos no dificultan la comprensión.	Varios errores de ortografía o en el uso de verbos, generalmente no dificultan la comprensión.	Errores de ortografía y en el uso de verbos ocasionalmente dificultan la comprensión.	Errores de ortografía y en el uso de verbos dificultan la comprensión.	Errores de ortografía y en el uso de verbos impiden la comprensión.

Guía para calificar	5	4	3	2	1
Enfoque/Ideas	Cuento coherente, con personajes, ambiente y sucesos que parecen reales	Los personajes, ambiente y sucesos del cuento parecen reales.	Los personajes, ambiente y sucesos del cuento lucen convincentes.	No todos los personajes, sucesos o el ambiente del cuento lucen reales.	Personajes, ambiente y sucesos están poco claros o no son realistas.
Organización	Tiene un principio, medio y final bien desarrollado.	Tiene principio, medio y final.	Tiene principio, medio y final con pocos saltos.	Principio, medio y final no está claro o los sucesos no están en orden.	Los sucesos del cuento lucen desordenados
Voz	Un cuento original que refleja el interés del escritor.	Refleja el interés o participación del escritor.	Refleja algo el interés o participación del escritor.	No refleja claramente el interés del escritor o su participación.	Poca evidencia del interés o participación del escritor.
Lenguaje	Verbos de acción expresivos y palabras de transición le dan vida al cuento.	Verbos de acción claros y palabras de transición hacen comprensible el cuento.	Algunos verbos de acción y palabras de transición hacen comprensible el cuento.	Verbos de acción y otras palabras adecuados.	Faltan verbos de acción claros, palabras expresivas y palabras de transición.
Oraciones	Todas las oraciones son claras y están completas.	La mayoría de las oraciones están claras y completas.	Las oraciones generalmente están claras y completas.	Algunas oraciones poco claras e incompletas.	Muchas oraciones poco claras o incompletas.
Normas	Pocos o ningún error de ortografía, en el uso de verbos o en otras normas.	Errores de ortografía o en el uso de verbos no dificultan la comprensión.	Varios errores de ortografía o en el uso de verbos, generalmente no dificultan la comprensión.	Errores de ortografía y en el uso de verbos dificultan la comprensión.	Errores de ortografía y en el uso de verbos impiden la comprensión.

Guía para calificar	4	3	2	1
Enfoque/Ideas	Cuento coherente, con personajes, ambiente y sucesos que parecen reales.	Los personajes, ambiente y sucesos del cuento parecen reales.	No todos los personajes, sucesos o el ambiente del cuento lucen reales.	Personajes, ambiente y sucesos están poco claros o no son realistas.
Organización	Tiene un principio, medio y final bien desarrollado.	Tiene principio, medio y final.	Principio, medio y final no está claro o los sucesos no están en orden.	Los sucesos del cuento lucen desordenados.
Voz	Un cuento original que refleja el interés del escritor.	Refleja el interés o participación del escritor.	No refleja claramente el interés del escritor o su participación.	Poca evidencia del interés o participación del escritor.
Lenguaje	Verbos de acción expresivos y palabras de transición le dan vida al cuento.	Verbos de acción claros y palabras de transición hacen comprensible el cuento.	Verbos de acción y otras palabras adecuados.	Faltan verbos de acción claros, palabras expresivas y palabras de transición.
Oraciones	Todas las oraciones son claras y están completas.	La mayoría de las oraciones están claras y completas.	Algunos oraciones poco claras e incompletas.	Muchas oraciones poco claras o incompletas.
Normas	Pocos o ningún error de ortografía, en el uso de verbos o en otras normas.	Errores de ortografía o en el uso de verbos no dificultan la comprensión.	Errores de ortografía y en el uso de verbos dificultan la comprensión.	Errores de ortografía y en el uso de verbos impiden la comprensión.

Guía para calificar	6	5	4	3	2	1
Enfoque/Ideas	Se enfoca claramente en dos cosas que Rubí hace y que le gustan al escritor.	Se enfoca en dos cosas que Rubí hace y que le gustan al escritor.	Enfoque adecuado en dos cosas que Rubí hace y que le gustan al escritor.	Enfoque en al menos una parte del cuento; opinión clara por momentos.	Se enfoca débilmente en las partes del cuento; opinión un poco confusa.	No está enfocado en el cuento; opinión confusa.
Organización	Identifica dos acciones del personaje y da razones claras por las que le gustaron.	Identifica dos acciones del personaje y da razones por las que le gustaron.	Identifica acciones del personaje y da razones por las que le gustaron.	Intento de identificar las acciones del personaje válido; podrían faltar razones.	Intenta identificar las acciones del personaje; necesita dar razones.	Los enunciados no están organizados; no hay razones.
Voz	Expresa las decisiones del escritor y sus emociones respecto al cuento.	Expresa suficientemente bien las decisiones del escritor y sus emociones respecto al cuento.	Expresa adecuadamente las decisiones del escritor y sus emociones respecto al cuento.	Las decisiones del escritor y sus emociones respecto al cuento se expresan inconsistentemente.	No están claras las decisiones del escritor y sus emociones respecto al cuento.	Expresa poco interés o decisiones personales.
Lenguaje	Uso efectivo de palabras expresivas y precisas.	Buen uso de palabras expresivas y precisas.	Uso exacto de palabras expresivas y precisas.	Uso disperso de palabras expresivas y precisas.	Usa pocas palabras expresivas y precisas.	Lenguaje impreciso o incorrecto.
Oraciones	Oraciones claras y completas sobre las dos partes del cuento.	Oraciones completas sobre las dos partes del cuento.	Oraciones mayormente completas sobre las dos partes del cuento.	Inconsistente uso de oraciones completas.	Oraciones incompletas o no relacionadas con las dos partes del cuento.	Oraciones incompletas o confusas.
Normas	Uso correcto de los verbos en las oraciones; buena ortografía.	Uso correcto de los verbos en la mayoría de las oraciones; pocos errores ortográficos.	Uso correcto de los verbos en la mayoría de las oraciones; bastantes errores ortográficos.	Uso correcto de los verbos en algunas oraciones; bastantes errores ortográficos.	Uso incorrecto de los verbos en varias oraciones; demasiados errores ortográficos.	Los errores impiden la comprensión.

Guía para calificar	5	4	3	2	1
Enfoque/Ideas	Se enfoca claramente en dos cosas que Rubí hace y que le gustan al escritor.	Se enfoca en dos cosas que Rubí hace y que le gustan al escritor.	Enfoque adecuado en dos cosas que Rubí hace y que le gustan al escritor.	Se enfoca débilmente en dos partes del cuento; opinión un poco confusa.	No está enfocado en el cuento; opinión confusa.
Organización	Identifica dos acciones del personaje y da razones claras por las que le gustaron.	Identifica dos acciones del personaje y da razones por las que le gustaron.	Identifica acciones del personaje y da razones por las que le gustaron.	Intenta identificar las acciones del personaje; necesita dar razones.	Los enunciados no están organizados; no hay razones.
Voz	Expresa las decisiones del escritor y sus emociones respecto al cuento.	Expresa suficientemente bien las decisiones del escritor y sus emociones respecto al cuento.	Expresa adecuadamente las decisiones del escritor y sus emociones respecto al cuento.	No están claras las decisiones del escritor y sus emociones respecto al cuento.	Expresa poco interés o decisiones personales.
Lenguaje	Uso efectivo de palabras expresivas y precisas.	Buen uso de palabras expresivas y precisas.	Uso adecuado de palabras expresivas y precisas.	Usa pocas palabras expresivas y precisas.	Lenguaje impreciso o incorrecto.
Oraciones	Oraciones claras y completas sobre las dos partes del cuento.	Oraciones completas sobre las dos partes del cuento.	Oraciones mayormente completas sobre las dos partes del cuento.	Oraciones incompletas o no relacionadas con las dos partes del cuento.	Oraciones incompletas o confusas.
Normas	Uso correcto de los verbos en las oraciones; buena ortografía.	Uso correcto de los verbos en la mayoría de las oraciones; pocos errores ortográficos.	Uso correcto de los verbos en la mayoría de las oraciones; bastantes errores ortográficos.	Uso incorrecto de los verbos en varias oraciones; muchos errores ortográficos.	Los errores impiden la comprensión.

Guía para calificar	4	3	2	1
Enfoque/Ideas	Se enfoca claramente en dos cosas que Rubí hace y que le gustan al escritor.	Se enfoca en dos cosas que Rubí hace y que le gustan al escritor.	Se enfoca débilmente en dos partes del cuento; opinión un poco confusa.	No está enfocado en el cuento; opinión confusa.
Organización	Identifica dos acciones del personaje y da razones claras por las que le gustaron.	Identifica dos acciones del personaje y da razones por las que le gustaron.	Intenta identificar las acciones del personaje; necesita dar razones.	Los enunciados no están organizados; no hay razones.
Voz	Expresa las decisiones del escritor y sus emociones respecto al cuento.	Expresa suficientemente bien las decisiones del escritor y sus emociones respecto al cuento.	No están claras las decisiones del escritor y sus emociones respecto al cuento.	Expresa poco interés o decisiones personales.
Lenguaje	Uso efectivo de palabras expresivas y precisas.	Buen uso de palabras expresivas y precisas.	Usa pocas palabras expresivas y precisas.	Lenguaje impreciso o incorrecto.
Oraciones	Oraciones claras y completas sobre las dos partes del cuento.	Oraciones completas sobre las dos partes del cuento.	Oraciones incompletas o no relacionadas con las dos partes.	Oraciones incompletas o confusas.
Normas	Uso correcto de los verbos en las oraciones; buena ortografía.	Uso correcto de los verbos en la mayoría de las oraciones; pocos errores ortográficos.	Uso incorrecto de los verbos en varias oraciones; muchos errores ortográficos.	Los errores impiden la comprensión.

Guía para calificar	6	5	4	3	2	1
Enfoque/Ideas	Cuenta claramente las ideas y sucesos más importantes de la selección.	Cuenta ideas y sucesos importantes de la selección.	Cuenta ideas y sucesos suficientemente importantes de la selección.	El enfoque en las ideas y sucesos de la selección resulta inconsistente.	No siempre enfocado en las ideas y sucesos de la selección.	No enfocado en las ideas y sucesos de la selección; no es un resumen.
Organización	Expresa las ideas en el orden correcto	Expresa la mayoría de las ideas en el orden correcto.	Generalmente expresa las ideas en el orden correcto.	Ocasionalmente expresa las ideas en el orden correcto.	Expresa las ideas en un orden distinto al de la selección.	Incluye las ideas en un orden confuso o mezclado.
Voz	Refleja la buena comprensión del escritor de las ideas en *La mascota de la clase.*	Refleja la comprensión del escritor de la mayoría de las ideas en *La mascota de la clase.*	Refleja la comprensión del escritor de suficientes ideas en *La mascota de la clase.*	Refleja la comprensión del escritor de algunas ideas en *La mascota de la clase.*	Refleja la comprensión del escritor de pocas ideas en *La mascota de la clase.*	Refleja poca comprensión del escritor de las ideas en *La mascota de la clase.*
Lenguaje	Utiliza palabras descriptivas y palabras que muestran el orden cronológico.	Utiliza algunas palabras descriptivas y/o palabras que muestran el orden cronológico.	Uso aceptable de palabras descriptivas y/o palabras que muestran el orden cronológico.	Utiliza algunas palabras descriptivas y/o palabras que muestran el orden cronológico.	Utiliza pocas palabras descriptivas o palabras que muestran el orden cronológico.	No hay palabras descriptivas o palabras que muestran el orden cronológico.
Oraciones	Todas las oraciones están completas; las oraciones son variadas.	La mayoría de las oraciones están completas; hay cierta variedad en las oraciones	Las oraciones están aceptablemente completas; hay cierta variedad.	Varias oraciones están incompletas; inconsistente variedad en las oraciones.	Las oraciones están incompletas; limitada variedad en las oraciones.	Las oraciones están incompletas, escritas sin cuidado o son poco claras.
Normas	Utiliza correctamente los verbos en oraciones con sujetos singulares y plurales.	Utiliza correctamente los verbos en la mayoría de las oraciones con sujetos singulares y plurales.	Utiliza aceptablemente los verbos en las oraciones con sujetos singulares y plurales.	Ocasionalmente utiliza incorrectamente los verbos en oraciones con sujetos singulares y plurales.	Utiliza incorrectamente los verbos en oraciones con sujetos singulares y plurales.	Verbos incorrectos y otros errores impiden la comprensión.

Guía para calificar	5	4	3	2	1
Enfoque/Ideas	Cuenta claramente las ideas y sucesos más importantes de la selección	Cuenta ideas y sucesos importantes de la selección.	Cuenta ideas y sucesos suficientemente importantes de la selección.	No siempre enfocado en las ideas y sucesos de la selección.	No enfocado en las ideas y sucesos de la selección; no es un resumen.
Organización	Expresa las ideas en el orden correcto.	Expresa la mayoría de las ideas en el orden correcto.	Generalmente expresa las ideas en el orden correcto.	Expresa las ideas en un orden distinto al de la selección.	Incluye las ideas en un orden confuso o mezclado.
Voz	Refleja la buena comprensión del escritor de las ideas en *La mascota de la clase.*	Refleja la comprensión del escritor de la mayoría de las ideas en *La mascota de la clase.*	Refleja la comprensión del escritor de algunas ideas en *La mascota de la clase.*	Refleja la comprensión del escritor de pocas ideas en *La mascota de la clase.*	Refleja poca comprensión del escritor de las ideas en *La mascota de la clase.*
Lenguaje	Utiliza palabras descriptivas y palabras que muestran el orden cronológico.	Utiliza algunas palabras descriptivas y/o palabras que muestran el orden cronológico.	Uso aceptable de palabras descriptivas y/o palabras que muestran el orden cronológico.	Utiliza pocas palabras descriptivas o palabras que muestran el orden cronológico.	No hay palabras descriptivas o palabras que muestran el orden cronológico.
Oraciones	Todas las oraciones están completas; las oraciones son variadas.	La mayoría de las oraciones están completas; hay cierta variedad en las oraciones.	Las oraciones están aceptablemente completas; hay cierta variedad.	Las oraciones están incompletas; limitada variedad en las oraciones.	Las oraciones están incompletas, escritas sin cuidado o son poco claras.
Normas	Utiliza correctamente los verbos en oraciones con sujetos singulares y plurales.	Utiliza correctamente los verbos en la mayoría de las oraciones con sujetos singulares y plurales.	Utiliza aceptablemente los verbos en las oraciones con sujetos singulares y plurales.	Utiliza incorrectamente los verbos en oraciones con sujetos singulares y plurales.	Verbos incorrectos y otros errores impiden la comprensión.

Guía para calificar	4	3	2	1
Enfoque/Ideas	Cuenta claramente las ideas y sucesos más importantes de la selección.	Cuenta ideas y sucesos importantes de la selección.	No siempre enfocado en las ideas y sucesos de la selección.	No enfocado en las ideas y sucesos de la selección; no es un resumen.
Organización	Expresa las ideas en el orden correcto.	Expresa la mayoría de las ideas en el orden correcto.	Expresa las ideas en un orden distinto al de la selección.	Incluye las ideas en un orden confuso o mezclado.
Voz	Refleja la buena comprensión del escritor de las ideas en *La mascota de la clase.*	Refleja la comprensión del escritor de la mayoría de las ideas en *La mascota de la clase.*	Refleja la comprensión del escritor de algunas ideas en *La mascota de la clase.*	Refleja poca comprensión del escritor de las ideas en *La mascota de la clase.*
Lenguaje	Utiliza palabras descriptivas y palabras que muestran el orden cronológico.	Utiliza algunas palabras descriptivas y/o palabras que muestran el orden cronológico.	Utiliza pocas palabras descriptivas o palabras que muestran el orden cronológico.	No hay palabras descriptivas o palabras que muestran el orden cronológico.
Oraciones	Todas las oraciones están completas; las oraciones son variadas.	La mayoría de las oraciones están completas; hay cierta variedad en las oraciones.	Las oraciones están incompletas; limitada variedad en las oraciones.	Las oraciones están incompletas, escritas sin cuidado o son poco claras.
Normas	Utiliza correctamente los verbos en oraciones con sujetos singulares y plurales.	Utiliza correctamente los verbos en la mayoría de las oraciones con sujetos singulares y plurales.	Utiliza incorrectamente los verbos en oraciones con sujetos singulares y plurales.	Verbos incorrectos y otros errores impiden la comprensión.

Guía para calificar	6	5	4	3	2	1
Enfoque/Ideas	Oraciones claras dicendo las acciones de Sepo que ayudaron y que no ayudaron.	Las oraciones dicen cuáles acciones de Sepo ayudaron y cuáles no.	La mayoría de las oraciones dicen cuáles acciones de Sepo ayudaron y cuáles no.	Suficientes oraciones dicen cuáles acciones de Sepo ayudaron o no.	Algunas oraciones no dicen cuáles acciones de Sepo ayudaron o no.	Las oraciones no se enfocan en si las acciones de Sepo ayudaron o no.
Organización	Encabezamientos y oraciones sólidas en un formato de dos listas contrastadas.	Encabezamientos útiles y oraciones en un formato de dos listas contrastadas.	Los encabezamientos y las oraciones forman dos listas.	Los encabezamientos y las oraciones son adecuados, forman dos listas.	Falta un encabezamiento o una o dos oraciones; listas incompletas.	No sigue el formato de dos listas con encabezamiento y oraciones.
Voz	Refleja el interés y la comprensión del escritor del tema.	Refleja el interés del escritor y algo de comprensión del tema.	Refleja suficiente interés del escritor y comprensión del tema.	Refleja algún interés del escritor o comprensión del tema, aunque hay inconsistencias.	No muestra el interés del escritor o mucha comprensión del tema.	Escritura desinteresada o no involucrada.
Lenguaje	Utiliza palabras claras y precisas para contar las acciones de los personajes.	Varias palabras claras y precisas para contar las acciones de los personajes.	Suficientes palabras claras y precisas para contar las acciones de los personajes.	Algunas palabras cuentan las acciones de los personajes.	Pocas palabras claras y precisas para contar las acciones de los personajes.	Palabras incorrectas, limitadas o poco claras.
Oraciones	Encabezamientos y oraciones claras y construidas correctamente.	Encabezamientos y la mayoría de las oraciones claras y construidas correctamente.	La mayoría de los encabezamientos y oraciones construidas correctamente.	Varios encabezamientos y oraciones construidos correctamente.	Pocas oraciones o encabezamientos claros y construidos correctamente.	Oraciones incompletas, poco claras o no relacionadas.
Normas	Excelente dominio; pocos o ningún error.	Buen dominio; pocos errores.	Algo de dominio; errores menores que no afectan la comprensión.	Algunos errores dificultan la comprensión del lector.	Dominio débil; los errores afectan la comprensión del lector.	Muchos errores graves impiden la comprensión.

Guía para calificar	5	4	3	2	1
Enfoque/Ideas	Oraciones claras dicendo las acciones de Sepo que ayudaron y que no ayudaron.	Las oraciones dicen cuáles acciones de Sepo ayudaron y cuáles no.	La mayoría de las oraciones dicen cuáles acciones de Sepo ayudaron o no.	Algunas oraciones no dicen cuáles acciones de Sepo ayudaron o no.	Las oraciones no se enfocan en si las acciones de Sepo ayudaron o no.
Organización	Encabezamientos y oraciones sólidas en un formato de dos listas contrastadas.	Los encabezamientos y las oraciones forman dos listas.	Los encabezamientos y las oraciones son adecuados, forman dos listas.	Falta un encabezamiento o una o dos oraciones; listas incompletas.	No sigue el formato de dos listas con encabezamiento y oraciones.
Voz	Refleja el interés y la comprensión del escritor del tema.	Refleja el interés del escritor y algo de comprensión del tema.	Refleja suficiente interés del escritor y comprensión del tema.	No muestra el interés del escritor o mucha comprensión del tema.	Escritura desinteresada o no involucrada.
Lenguaje	Utiliza palabras claras y precisas para contar las acciones de los personajes.	Varias palabras claras y precisas para contar las acciones de los personajes.	Suficientes palabras claras y precisas para contar las acciones de los personajes.	Pocas palabras claras y precisas para contar las acciones de los personajes.	Palabras incorrectas, limitadas o poco claras.
Oraciones	Encabezamientos y oraciones claras y construidas correctamente.	Encabezamientos y la mayoría de las oraciones claras y construidas correctamente.	Encabezamientos y oraciones construidas correctamente.	Pocas oraciones o encabezamientos claros y construidos correctamente.	Oraciones incompletas, poco claras o no relacionadas.
Normas	Excelente dominio; pocos o ningún error.	Buen dominio; pocos errores.	Algo de dominio; errores menores que no afectan la comprensión.	Dominio débil; los errores afectan la comprensión del lector.	Muchos errores graves impiden la comprensión.

Guía para calificar	4	3	2	1
Enfoque/Ideas	Oraciones claras dicendo las acciones de Sepo que ayudaron y que no ayudaron.	Las oraciones dicen cuáles acciones de Sepo ayudaron y cuáles no.	Algunas oraciones no dicen cuáles acciones de Sepo ayudaron o no.	Las oraciones no se enfocan en si las acciones de Sepo ayudaron o no.
Organización	Encabezamientos y oraciones sólidas en un formato de dos listas contrastadas.	Los encabezamientos y las oraciones forman dos listas.	Falta un encabezamiento o una o dos oraciones; listas incompletas.	No sigue el formato de dos listas con encabezamiento y oraciones.
Voz	Refleja el interés y la comprensión del escritor del tema.	Refleja el interés del escritor y algo de comprensión del tema.	No muestra el interés del escritor o mucha comprensión del tema.	Escritura desinteresada o no involucrada.
Lenguaje	Utiliza palabras claras y precisas para contar las acciones de los personajes.	Algunas palabras claras y precisas para contar las acciones de los personajes.	Pocas palabras claras y precisas para contar las acciones de los personajes.	Palabras incorrectas, limitadas o poco claras.
Oraciones	Encabezamientos y oraciones claras y construidas correctamente.	Encabezamientos y la mayoría de las oraciones construidas correctamente.	Pocas oraciones o encabezamientos claros y construidos correctamente.	Oraciones incompletas, poco claras o no relacionadas.
Normas	Excelente dominio; pocos o ningún error.	Buen dominio; no hay errores graves.	Dominio débil; los errores afectan la comprensión del lector.	Muchos errores graves impiden la comprensión.

Guía para calificar	6	5	4	3	2	1
Enfoque/Ideas	Las fotos muestran un cambio; las leyendas claramente explican las fotos.	Las fotos muestran un cambio; las leyendas explican hasta cierto grado las fotos.	La mayoría de las fotos muestran un cambio; las leyendas explican hasta cierto grado las fotos.	Las leyendas intentan explicar las fotos.	Las leyendas intentan poco el explicar las fotos.	Las leyendas no explican las fotos; el tema no está claro.
Organización	Dos fotos reflejan el tema escogido; cada una tiene una leyenda pertinente.	Dos fotos reflejan el tema escogido; cada una tiene leyenda.	Dos fotos reflejan suficientemente el tema escogido; cada una tiene leyenda.	Las fotos se relacionan con el tema escogido; las leyendas son adecuadas.	Las fotos se relacionan con el tema escogido; las leyendas no se distinguen.	Ideas o imágenes confusas o ausentes.
Voz	Claramente refleja el propósito; las leyendas hacen una observación aguda.	Generalmente refleja el porpósito; las leyendas hacen observaciones.	Adecuadamente refleja el propósito; las leyendas hacen alguna observación.	La escritura no refleja consistentemente el propósito o no hacen observaciones cuidadas.	La escritura no refleja el propósito o no hacen observaciones cuidadas.	No refleja el propósito o hace observación alguna.
Lenguaje	Palabras expresivas y precisas relacionadas con las imagines.	Algunas palabras expresivas y precisas relacionadas con las imagines.	Uso adecuado de palabras expresivas y precisas relacionadas con las imagines.	Algunas palabras expresivas o precisas acerca de las imagines.	Pocas palabras expresivas o precisas acerca de las imagines.	Palabras imprecisas o incorrectas.
Oraciones	Oraciones claras y completas.	Oraciones completas y suficientemente claras.	Oraciones generalmente completas y suficientemente claras.	Oraciones ocasionalmente incompletas.	Algunas oraciones no son claras o están incompletas.	Oraciones incompletas y no son claras.
Normas	Excelente dominio; pocos o ningún error.	Buen dominio; pocos errores.	Suficiente dominio; no hay errores graves.	Dominio inconsistente; suficientes errores para dificultar la comprensión.	Dominio débil; suficientes errores para dificultar la comprensión.	Muchos errores graves impiden la comprensión.

Guía para calificar	5	4	3	2	1
Enfoque/Ideas	Las fotos muestran un cambio; las leyendas claramente explican las fotos.	La mayoría de las fotos muestran un cambio; las leyendas explican hasta cierto grado las fotos.	Las fotos muestran un cambio; las leyendas explican hasta cierto grado las fotos.	Las leyendas intentan explicar las fotos.	Las leyendas no explican las fotos; el tema no está claro.
Organización	Dos fotos reflejan el tema escogido; cada una tiene una leyenda pertinente.	Dos fotos reflejan el tema escogido; cada una tiene leyenda.	Dos fotos reflejan suficientemente el tema escogido; cada una tiene leyenda.	Las fotos se relacionan con el tema escogido; las leyendas no se distinguen.	Ideas o imágenes confusas o ausentes.
Voz	Claramente refleja el propósito; las leyendas hacen una observación aguda.	Generalmente refleja el propósito; las leyendas hacen observaciones.	Adecuadamente refleja el propósito; las leyendas hacen alguna observación.	La escritura no refleja el propósito o no hacen observaciones cuidadas.	No refleja el propósito o hace observación alguna.
Lenguaje	Palabras expresivas y precisas relacionadas con las imágenes.	Algunas palabras expresivas y precisas relacionadas con las imágenes.	Uso adecuado de palabras expresivas y precisas relacionadas con las imágenes.	Pocas palabras expresivas o precisas acerca de las imágenes.	Palabras imprecisas o incorrectas.
Oraciones	Oraciones claras y completas.	Oraciones completas y suficientemente claras.	Oraciones generalmente completas y suficientemente claras.	Algunas oraciones no son claras o están incompletas.	Oraciones incompletas y no son claras.
Normas	Excelente dominio; pocos o ningún error.	Buen dominio; pocos errores.	Suficiente dominio; no hay errores graves.	Dominio débil; suficientes errores para dificultar la comprensión.	Muchos errores graves impiden la comprensión.

Guía para calificar	4	3	2	1
Enfoque/Ideas	Las fotos muestran un cambio; las leyendas claramente explican las fotos.	Las fotos muestran un cambio; las leyendas explican hasta cierto grado las fotos.	Las leyendas intentan explicar las fotos.	Las leyendas no explican las fotos; el tema no está claro.
Organización	Dos fotos reflejan el tema escogido; cada una tiene una leyenda pertinente.	Dos fotos reflejan el tema escogido; cada una tiene leyenda.	Las fotos se relacionan con el tema escogido; las leyendas no se distinguen.	Ideas o imágenes confusas o ausentes.
Voz	Claramente refleja el propósito; las leyendas hacen una observación aguda.	Generalmente refleja el porpósito; las leyendas hacen observaciones.	La escritura no refleja el propósito o no hacen observaciones cuidadas.	No refleja el propósito o hace observación alguna.
Lenguaje	Palabras expresivas y precisas relacionadas con las imágenes.	Algunas palabras expresivas y precisas relacionadas con las imágenes.	Pocas palabras expresivas o precisas acerca de las imágenes.	Palabras imprecisas o incorrectas.
Oraciones	Oraciones claras y completas.	Oraciones completas y suficientemente claras.	Algunas oraciones no son claras o están incompletas.	Oraciones incompletas y no son claras.
Normas	Excelente dominio; pocos o ningún error.	Buen dominio; no hay errores graves.	Dominio débil; suficientes errores para dificultar la comprensión.	Muchos errores graves impiden la comprensión.

Guía para calificar	6	5	4	3	2	1
Enfoque/Ideas	Presenta un excelente diálogo entre tres personajes de la obra	Presenta un buen diálogo entre tres personajes de la obra	Presenta un diálogo adecuado entre tres personajes de la obra	Intenta presentar un diálogo adecuado entre los personajes de la obra	Intenta mostrar diálogo entre los personajes de la obra	El diálogo no refleja a los personajes; ideas poco claras
Organización	Sigue correctamente el formato: el nombre del personaje es seguido por sus líneas de diálogo	Sigue el formato de obra: nombre de personajes y sus líneas de diálogo	Mayormente sigue el formato de obra: nombre de personajes y sus líneas de diálogo	El formato de obra es inconsistente; personajes o diálogos a veces no están claros	El formato de obra no está correcto; personajes o diálogos poco claros	No sigue el formato de obra de teatro; la escena no está desarrollada
Voz	Muestra conocimiento de la obra e interés en la nueva escena; original	Muestra cierto conocimiento de la obra e interés en la nueva escena	Muestra adecuado conocimiento de la obra e interés en la nueva escena	Muestra algo de conocimiento de la obra; la escena no es original	Muestra muy poco conocimiento de la obra; la escena no es original	Muestra poco interés en la obra o en la nueva escena
Lenguaje	Utiliza palabras expresivas y exactas en formas interesantes	Utiliza palabras expresivas y exactas	Adecuado uso de palabras expresivas y exactas	Usa algunas palabras expresivas o exactas	Usa muy pocas palabras expresivas o exactas	Palabras y nombres de personajes vagos e incorrectos
Oraciones	Mucha variedad de oraciones claras y correctas	Variedad de oraciones claras y correctas	Alguna variedad de oraciones claras y correctas	Varias oraciones no son muy claras, correctas o variadas	Bastantes oraciones no son muy claras, correctas o variadas	Las oraciones no son claras o están incompletas
Normas	Excelente dominio; pocos o ningún error de ortografía o gramática	Buen dominio; pocos errores de ortografía o gramática	Adecuado dominio; no hay errores graves de ortografía o gramática	Dominio promedio; algunos errores dificultan la comprensión	Poco dominio; los errores dificultan la comprensión	Errores graves impiden la comprensión

Guía para calificar	5	4	3	2	1
Enfoque/Ideas	Presenta un excelente diálogo entre tres personajes de la obra	Presenta un buen diálogo entre tres personajes de la obra	Presenta un diálogo adecuado entre tres personajes de la obra	Intenta mostrar diálogo entre los personajes de la obra	El diálogo no refleja a los personajes; ideas poco claras
Organización	Sigue correctamente el formato: el nombre del personaje es seguido por sus líneas de diálogo	Sigue el formato de obra: nombre de personajes y sus líneas de diálogo	Mayormente sigue el formato de obra: nombre de personajes y sus líneas de diálogo	El formato de obra no está correcto; personajes o diálogos poco claros	No sigue el formato de obra de teatro; la escena no está desarrollada
Voz	Muestra conocimiento de la obra e interés en la nueva escena; original	Muestra cierto conocimiento de la obra e interés en la nueva escena	Muestra adecuado conocimiento de la obra e interés en la nueva escena	Muestra poco conocimiento de la obra; la escena no es original	Muestra poco interés en la obra o en la nueva escena
Lenguaje	Utiliza palabras expresivas y exactas en formas interesantes	Utiliza palabras expresivas y exactas	Adecuado uso de palabras expresivas y exactas	Usa pocas palabras expresivas o exactas	Palabras y nombres de personajes vagos e incorrectos
Oraciones	Mucha variedad de oraciones claras y correctas	Variedad de oraciones claras y correctas	Alguna variedad de oraciones claras y correctas	Las oraciones no son muy claras, correctas o variadas	Las oraciones no son claras o están incompletas
Normas	Excelente dominio; pocos o ningún error de ortografía o gramática	Buen dominio; pocos errores de ortografía o gramática	Adecuado dominio; no hay errores graves de ortografía o gramática	Poco dominio; los errores dificultan la comprensión	Errores graves impiden la comprensión

Guía para calificar	4	3	2	1
Enfoque/Ideas	Presenta un excelente diálogo entre tres personajes de la obra	Presenta un buen diálogo entre tres personajes de la obra	Intenta mostrar diálogo entre los personajes de la obra	El diálogo no refleja a los personajes; ideas poco claras
Organización	Sigue correctamente el formato: el nombre del personaje es seguido por sus líneas de diálogo	Sigue el formato de obra: nombre de personajes y sus líneas de diálogo	El formato de obra no está correcto; personajes o diálogos poco claros	No sigue el formato de obra de teatro; la escena no está desarrollada
Voz	Muestra conocimiento de la obra e interés en la nueva escena; original	Muestra cierto conocimiento de la obra e interés en la nueva escena	Muestra poco conocimiento de la obra; la escena no es original	Muestra poco interés en la obra o en la nueva escena
Lenguaje	Utiliza palabras expresivas y exactas en formas interesantes	Utiliza palabras expresivas y exactas	Usa pocas palabras expresivas o exactas	Palabras y nombres de personajes vagos e incorrectos
Oraciones	Mucha variedad de oraciones claras y correctas	Variedad de oraciones claras y correctas	Las oraciones no son muy claras, correctas o variadas	Las oraciones no son claras o están incompletas
Normas	Excelente dominio; pocos o ningún error de ortografía o gramática	Buen dominio; no hay errores graves de ortografía o gramática	Poco dominio; los errores dificultan la comprensión	Errores graves impiden la comprensión

CARTA AMISTOSA

Guía para calificar	6	5	4	3	2	1
Enfoque/Ideas	Interesante carta amistosa con ideas claras acerca de un regalo sorpresa.	Carta amistosa generalmente clara con ideas acerca de un regalo sorpresa.	Carta amistosa generalmente enfocada; ideas adecuadas acerca de un regalo sorpresa.	Carta amistosa tiene algo de enfoque e ideas acerca de un regalo sorpresa.	La carta amistosa se sale del tema del regalo; las ideas no siempre son claras.	La carta carece de enfoque y de ideas acerca de una sorpresa.
Organización	Tiene saludo, oraciones en un orden sensible, cierre y firma.	Tiene saludo; oraciones en un orden comprensible, cierre y firma.	Partes de la carta mayormente completas; oraciones están en secuencia mayormente lógica.	Faltan una o más partes de la carta; a veces fuera de secuencia.	Faltan una o más partes de la carta; oraciones no están en secuencia lógica.	Faltan las partes de la carta; pocas oraciones, sin orden aparente.
Voz	Expresa sólidamente los sentimientos e ideas del escritor en una voz amistosa.	Expresa los sentimientos o ideas del escritor en una voz amistosa.	Expresa adecuadamente los sentimientos o ideas del escritor; voz amistosa.	Intenta expresar sentimientos e ideas, pero no llama la atención.	Limitada expresión de interés o de una voz amistosa.	No hay ideas o voz identificables.
Lenguaje	Utiliza adjetivos exactos y expresivos y otras palabras para describir con efectividad.	La mayoría de los adjetivos y otras palabras para describir utilizadas efectivamente.	Utiliza adjetivos y otras palabras para describir.	Lenguaje adecuado pero le falta colorido.	Falta lenguaje; pocas palabras que describan.	Palabras imprecisas; no hay palabras que describan.
Oraciones	Oraciones completas y variadas.	Oraciones completas; algo de variedad.	Oraciones mayormente claras.	Algunas oraciones poco claras.	Algunas oraciones incompletas o poco claras.	Oraciones incompletas o poco claras.
Normas	No hay o hay pocos errores.	No hay errores graves.	Errores comunes que no afectan la comprensión.	Los errores podrían afectar la comprensión.	Suficientes errores para dificultar la comprensión.	Demasiados errores; difícil de entender.

Guía para calificar	5	4	3	2	1
Enfoque/Ideas	Interesante carta amistosa con ideas claras acerca de un regalo sorpresa.	Carta amistosa generalmente clara con ideas acerca de un regalo sorpresa.	Carta amistosa generalmente enfocada; ideas adecuadas acerca de un regalo sorpresa.	La carta amistosa se sale del tema del regalo; las ideas no siempre son claras.	La carta carece de enfoque y de ideas acerca de una sorpresa.
Organización	Tiene saludo, oraciones en un orden sensible, cierre y firma.	Tiene saludo, oraciones en un orden comprensible, cierre y firma.	Partes de la carta mayormente completas; oraciones están en secuencia mayormente lógica.	Faltan una o más partes de la carta; oraciones no están en secuencia sensible.	Faltan las partes de la carta; pocas oraciones, sin orden aparente.
Voz	Expresa sólidamente los sentimientos e ideas del escritor en una voz amistosa.	Expresa los sentimientos o ideas del escritor en una voz amistosa.	Expresa adecuadamente los sentimientos o ideas del escritor; voz amistosa.	Dificultad para expresar sentimientos o para mantener una voz amistosa.	Están ausentes la voz amistosa y el interés del escritor.
Lenguaje	Utiliza adjetivos exactos y expresivos y otras palabras para describir con efectividad.	Algunos adjetivos y otras palabras para describir utilizadas efectivamente.	Lenguaje generalmente consistente; algunas palabras que describen.	Falta lenguaje; pocas palabras que describan.	Palabras imprecisas; no hay palabras que describan.
Oraciones	Oraciones completas y variadas	Oraciones completas; algo de variedad.	Oraciones generalmente claras.	Algunas oraciones incompletas o poco claras.	Oraciones incompletas o poco claras.
Normas	No hay o hay pocos errores.	No hay errores graves.	Errores comunes que no afectan la comprensión.	Suficientes errores para dificultar la comprensión.	Demasiados errores; difícil de entender.

Guía para calificar	4	3	2	1
Enfoque/Ideas	Interesante carta amistosa con ideas claras acerca de un regalo sorpresa.	Carta amistosa generalmente clara con ideas acerca de un regalo sorpresa.	La carta amistosa de sale del tema del regalo; las ideas no siempre son claras.	La carta carece de enfoque y de ideas acerca de una sorpresa.
Organización	Tiene saludo, oraciones en un orden sensible, cierre y firma.	Tiene saludo, oraciones en un orden comprensible, cierre y firma.	Faltan una o más partes de la carta; oraciones no están en secuencia sensible.	Faltan las partes de la carta; pocas oraciones, sin orden aparente.
Voz	Expresa sólidamente los sentimientos e ideas del escritor en una voz amistosa.	Expresa los sentimientos o ideas del escritor en una voz amistosa.	Dificultad para expresar sentimientos o para mantener una voz amistosa.	Están ausentes la voz amistosa y el interés del escritor.
Lenguaje	Utiliza adjetivos exactos y expresivos y otras palabras para describir con efectividad.	Algunos adjetivos y otras palabras para describir utilizadas efectivamente.	Falta lenguaje; pocas palabras que describan.	Palabras imprecisas; no hay palabras que describan.
Oraciones	Oraciones completas y variadas	Oraciones completas; algo de variedad	Algunas oraciones incompletas o poco claras	Oraciones incompletas o poco claras.
Normas	No hay o hay pocos errores.	No hay errores graves.	Suficientes errores para dificultar la comprensión.	Demasiados errores; difícil de entender.

Guía para calificar	6	5	4	3	2	1
Enfoque/Ideas	Invitación con un sólido enfoque en el evento y con toda la información relevante.	Invitación con un claro enfoque en el evento y la información más relevante.	Invitación generalmente enfocada en el evento o en la información más relevante.	Invitación adecuadamente enfocada en el evento; alguna información poco clara.	Invitación no siempre enfocada en el evento o en los detalles relevantes.	Falta enfoque en el evento o en la invitación; falta información clave.
Organización	Todos los aspectos de la invitación en orden claro y lógico.	La mayoría de los aspectos de la invitación en orden claro.	La mayoría de los aspectos de la invitación presentes; orden suficientemente claro.	La mayoría de los aspectos de la invitación presentes; el orden no es completamente consistente.	Pocos aspectos de la invitación presentes; el orden no está claro.	Los aspectos de la invitación no se notan; no hay un orden significativo.
Voz	Totalmente al tanto del propósito; cortés e informativo.	Al tanto del propósito; cortés y generalmente informativo.	Al tanto del propósito; mayormente cortés e informativo.	De alguna manera al tanto del propósito y de la audiencia.	De propósito incierto; imprecisa, falta de cortesía o interés.	Poca evidencia de propósito, cortesía o interés.
Lenguaje	Palabras claras, corteses y descriptivas; adjetivos para los colores y formas.	La mayoría de las palabras son claras, corteses o descriptivas; adjetivos para los colores y formas	Algunas palabras son claras, corteses o descriptivas; algunos adjetivos para los colores y formas.	Palabras ocasionalmente corteses o descriptivas; pocos adjetivos para los colores y formas.	Pocas palabras claras, corteses o descriptivas; necesita adjetivos.	Palabras imprecisas o incorrectas.
Oraciones	Todas las oraciones construidas correctamente; claras.	La mayoría de las oraciones construidas correctamente; claras.	Algunas oraciones construidas correctamente; claras.	Algunas oraciones construidas incorrectamente o no son claras.	Pocas oraciones claras o construidas correctamente.	Oraciones incorrectas o incompletas.
Normas	Excelente dominio; fechas escritas correctamente; pocos o ningún error.	Buen dominio; fechas escritas correctamente; pocos errores.	Muestra dominio; fechas escritas correctamente; errores menores.	Algo de dominio; los errores no suelen afectar la comprensión.	Poco dominio; suficientes errores para dificultar la comprensión.	Muchos errores serios que impiden la comprensión.

Guía para calificar	5	4	3	2	1
Enfoque/Ideas	Invitación con un sólido enfoque en el evento y con toda la información relevante.	Invitación con un claro enfoque en el evento y la información más relevante.	Invitación generalmente enfocada en el evento o en la información más relevante.	Invitación no siempre enfocada en el evento o en los detalles relevantes.	Falta enfoque en el evento o en la invitación; falta información clave.
Organización	Todos los aspectos de la invitación en orden claro y lógico.	La mayoría de los aspectos de la invitación en orden claro.	Algunos aspectos de la invitación presentes; el orden generalmente está claro.	Pocos aspectos de la invitación presentes; el orden no está claro.	Los aspectos de la invitación no se evidencian; no hay un orden significativo.
Voz	Totalmente al tanto del propósito; cortés e informativo.	Al tanto del propósito; cortés y generalmente informativo.	Generalmente al tanto del propósito; informativo.	De propósito incierto; imprecisa, falta de cortesía o interés.	Poca evidencia de propósito, cortesía o interés.
Lenguaje	Palabras claras, corteses y descriptivas; adjetivos para los colores y formas.	La mayoría de las palabras son claras, corteses o descriptivas; adjetivos para los colores y formas.	Algunas palabras son claras, corteses o descriptivas; algunos adjetivos para los colores y formas.	Pocas palabras claras, corteses o descriptivas; necesita adjetivos.	Palabras imprecisas o incorrectas.
Oraciones	Todas las oraciones construidas correctamente.	La mayoría de las oraciones construidas correctamente.	Algunas oraciones construidas correctamente.	Pocas oraciones construidas correctamente.	Oraciones incorrectas o incompletas.
Normas	Excelente dominio; fechas escritas correctamente; pocos o ningún error.	Buen dominio; fechas escritas correctamente; no hay errores graves.	Algo de dominio; fechas escritas correctamente; los errores no suelen afectar la comprensión.	Poco dominio; suficientes errores para dificultar la comprensión.	Muchos errores serios que impiden la comprensión.

Guía para calificar	4	3	2	1
Enfoque/Ideas	Invitación con un sólido enfoque en el evento y con toda la información relevante.	Invitación con un claro enfoque en el evento y la información más relevante.	Invitación no siempre enfocada en el evento o en los detalles relevantes.	Falta enfoque en el evento o en la invitación; falta información clave.
Organización	Todos los aspectos de la invitación en orden claro y lógico.	La mayoría de los aspectos de la invitación en orden claro.	Pocos aspectos de la invitación presentes; el orden no está claro.	Los aspectos de la invitación no se evidencian; no hay un orden significativo.
Voz	Totalmente al tanto del propósito; cortés e informativo.	Al tanto del propósito; cortés y generalmente informativo.	De propósito incierto; vaga, falta de cortesía o interés.	Poca evidencia de propósito, cortesía o interés.
Lenguaje	Palabras claras, corteses y descriptivas; adjetivos para los colores y formas.	La mayoría de las palabras son claras, corteses o descriptivas; adjetivos para los colores y formas.	Pocas palabras claras, corteses o descriptivas; necesita adjetivos.	Palabras imprecisas o incorrectas.
Oraciones	Todas las oraciones construidas correctamente.	La mayoría de las oraciones construidas correctamente.	Pocas oraciones construidas correctamente.	Oraciones incorrectas o incompletas.
Normas	Excelente dominio; fechas escritas correctamente; pocos o ningún error.	Buen dominio; fechas escritas correctamente; no hay errores graves.	Poco dominio; suficientes errores para dificultar la comprensión.	Muchos errores serios que impiden la comprensión.

Guía para calificar	6	5	4	3	2	1
Enfoque/Ideas	Poema con un sólido y claro enfoque en la descripción del lugar escogido.	Poema con un claro enfoque en la descripción del lugar escogido.	Poema con adecuado enfoque en la descripción del lugar escogido.	Poema con suficientemente adecuado enfoque en la descripción del lugar escogido.	Poema con un enfoque débil en el lugar; descripción poco clara.	Líneas desordenadas; no hay una clara descripción del tema; no es un poema.
Organización	Cuidadosamente organizado en versos; imágenes en orden sensible.	Organizado en versos; imágenes en orden sensible.	Razonablemente organizado en versos; imágenes mayormente en orden sensible.	Alguna organización en versos; imágenes mayormente en orden sensible.	No consistentemente organizado en versos; imágenes no están en un orden sensible.	Organización no reconocible; imágenes difíciles de distinguir.
Voz	Crea imágenes mentales; imaginativo y original	Crea imágenes mentales; mayormente imaginativo y original.	Crea imágenes mentales suficientemente adecuadas; suficientemente imaginativo y original.	Intenta crear imágenes mentales; algo de originalidad.	Intenta crear imágenes mentales; no muy imaginativo u original.	No hay evidencias de imágenes mentales; no es imaginativo u original.
Lenguaje	Palabras expresivas, incluyendo adjetivos de tamaño; palabras con rima	Suficientes palabras expresivas, incluyendo adjetivos de tamaño; palabras con rima	Algunas palabras expresivas, incluyendo adjetivos de tamaño; palabras con rima	Adjetivos u otras palabras expresivas utilizadas con moderación; algunas rimas	Pocos adjetivos expresivos u otras palabras expresivas; rimas incorrectas	Sin adjetivos expresivos; palabras incorrectas o imprecisas.
Oraciones	Oraciones claras, correctas y variadas.	Oraciones mayormente claras y correctas, con algo de variedad.	Oraciones generalmente claras y correctas, con algo de variedad.	Oraciones incosistentes; variedad.	Mayoría de oraciones poco claras o incorrectas; sin mucha variedad.	Mayoría de oraciones incoherentes o incorrectas.
Normas	Excelente dominio; uso correcto de adjetivos, pocos o ningún error.	Buen dominio; utiliza adjetivos; pocos errores o leves.	Generalmente buen dominio; utiliza adjetivos; algunos errores.	Dominio adecuado; algunos errores graves.	Poco dominio; pocos adjetivos; errores dificultan la comprensión.	Muchos errores graves impiden la comprensión.

Guía para calificar	5	4	3	2	1
Enfoque/Ideas	Poema con un sólido y claro enfoque en la descripción del lugar escogido.	Poema con un claro enfoque en la descripción del lugar escogido.	Poema con adecuado enfoque en la descripción del lugar escogido.	Poema con un enfoque débil en el lugar; descripción poco clara.	Líneas desordenadas; no hay una clara descripción del tema; no es un poema.
Organización	Cuidadosamente organizado en versos; imágenes en orden sensible.	Organizado en versos; imágenes mayormente en orden sensible.	Organizado en versos; imágenes mayormente en orden sensible.	No consistentemente organizado en versos; imágenes no están en un orden sensible.	Organización no reconocible; imágenes difíciles de distinguir.
Voz	Crea imágenes mentales; imaginativo y original.	Crea imágenes mentales; mayormente imaginativo y original.	Crea imágenes mentales suficientemente adecuadas; suficientemente imaginativo y original.	Intenta crear imágenes mentales; no muy imaginativo u original.	No hay evidencias de imágenes mentales; no es imaginativo u original.
Lenguaje	Palabras expresivas, incluyendo adjetivos de tamaño; palabras con rima.	Suficientes palabras expresivas, incluyendo adjetivos de tamaño; palabras con rima.	Algunas palabras expresivas, incluyendo adjetivos de tamaño; palabras con rima.	Pocos adjetivos expresivos u otras palabras expresivas; rimas incorrectas.	Sin adjetivos expresivos; palabras incorrectas o imprecisas.
Oraciones	Oraciones claras, correctas y variadas.	Oraciones mayormente claras y correctas, con algo de variedad.	Oraciones generalmente claras y correctas, con algo de variedad.	Mayoría de oraciones poco claras o incorrectas; sin mucha variedad.	Mayoría de oraciones incoherentes o incorrectas.
Normas	Excelente dominio; uso correcto de adjetivos, pocos o ningún error.	Buen dominio; utiliza adjetivos; pocos errores o leves.	Generalmente buen dominio; utiliza adjetivos; algunos errores.	Poco dominio; pocos adjetivos; errores dificultan la comprensión.	Muchos errores graves impiden la comprensión.

Guía para calificar	4	3	2	1
Enfoque/Ideas	Poema con un sólido y claro enfoque en la descripción del lugar escogido.	Poema con un claro enfoque en la descripción del lugar escogido.	Poema con un enfoque débil en el lugar; descripción poco clara.	Líneas desordenadas; no hay una clara descripción del tema; no es un poema.
Organización	Cuidadosamente organizado en versos; imágenes en orden sensible.	Organizado en versos; imágenes mayormente en orden sensible.	No consistentemente organizado en versos; imágenes no están en un orden sensible.	Organización no reconocible; imágenes difíciles de distinguir.
Voz	Crea imágenes mentales; imaginativo y original.	Crea imágenes mentales; mayormente imaginativo y original.	Intenta crear imágenes mentales; no muy imaginativo u original.	No hay evidencias de imágenes mentales; no es imaginativo u original.
Lenguaje	Palabras expresivas, incluyendo adjetivos de tamaño; palabras con rima.	Algunas palabras expresivas, incluyendo adjetivos de tamaño; palabras con rima.	Pocos adjetivos expresivos u otras palabras expresivas; rimas incorrectas.	Sin adjetivos expresivos; palabras incorrectas o imprecisas.
Oraciones	Oraciones claras, correctas y variadas.	Oraciones mayormente claras y correctas, con algo de variedad.	Mayoría de oraciones poco claras o incorrectas; sin mucha variedad.	Mayoría de oraciones incoherentes o incorrectas.
Normas	Excelente dominio; uso correcto de adjetivos, pocos o ningún error.	Buen dominio; utiliza adjetivos; pocos errores o leves.	Poco dominio; pocos adjetivos; errores dificultan la comprensión.	Muchos errores graves impiden la comprensión.

Guía para calificar	6	5	4	3	2	1
Enfoque/Ideas	Narración realista enfocada que cuenta claramente las acciones de los personajes.	Narración enfocada que cuenta las acciones de los personajes.	Narración generalmente enfocada que cuenta las acciones de los personajes.	Narración no siempre enfocada en las acciones de los personajes; no siempre realista.	Narración no claramente enfocada en las acciones de los personajes; no es realista	Narración no enfocada, no desarrollada o no es realista.
Organización	Tiene un bien desarrollado comienzo, medio y final.	Tiene comienzo, medio y final.	Tiene un adecuado comienzo, medio y final.	El orden de los sucesos es de alguna manera inconsistente.	Los sucesos se cuentan en un orden poco claro.	Sucesos poco claros en un orden no razonable
Voz	Muestra los sentimientos de los personajes y del escritor y el interés de éste.	Muestra los sentimientos de los personajes; algún interés de parte del escritor.	Muestra los sentimientos de la mayoría de los personajes; algún interés de parte del escritor.	Los sentimientos de los personajes no están completamente claros; limitado interés de parte del escritor.	Poca evidencia de los sentimientos de los personajes o del interés del escritor.	No hay evidencia de los sentimientos de los personajes o del interés del escritor.
Lenguaje	Adjetivos expresivos y otras palabras describen a los personajes, el ambiente y los sucesos.	Algunos adjetivos expresivos describen a los personajes, el ambiente y los sucesos.	Pocos adjetivos expresivos describen a los personajes, el ambiente y los sucesos.	Pocas palabras descriptivas.	Uso limitado de palabras descriptivas; lenguaje redundante.	Palabras imprecisas o mal utilizadas.
Oraciones	Variedad de oraciones completas y claras.	La mayoría de las oraciones están claras y completas; algo de variedad.	Oraciones generalmente claras y completas; algo de variedad.	Pocas oraciones claras y completas; poca variedad.	Pocas oraciones claras y completas; no hay variedad.	Muchas oraciones incompletas o incoherentes.
Normas	Utiliza correctamente los adjetivos pedidos; pocos o ningún error.	Utiliza correctamente la mayoría de los adjetivos; pocos errores.	Generalmente utiliza correctamente los adjetivos; varios errores.	Uso adecuado de los adjetivos; algunos errores podrían afectar la comprensión.	Utiliza incorrectamente los adjetivos; errores afectan la comprensión.	Errores graves impiden la comprensión.

Guía para calificar	5	4	3	2	1
Enfoque/Ideas	Narración realista enfocada que cuenta claramente las acciones de los personajes.	Narración enfocada que cuenta las acciones de los personajes.	Narración generalmente enfocada que cuenta las acciones de los personajes.	Narración no claramente enfocada en las acciones de los personajes; no es realista.	Narración no enfocada, no desarrollada o no es realista.
Organización	Tiene un bien desarrollado comienzo, medio y final.	Tiene comienzo, medio y final.	Tiene un adecuado comienzo, medio y final.	Los sucesos se cuentan en un orden poco claro.	Sucesos poco claros en un orden no razonable.
Voz	Muestra los sentimientos de los personajes y del escritor y el interés de éste.	Muestra los sentimientos de los personajes; algún interés de parte del escritor.	Muestra los sentimientos de la mayoría de los personajes; algún interés de parte del escritor.	Poca evidencia de los sentimientos de los personajes o del interés del escritor.	No hay evidencia de los sentimientos de los personajes o del interés del escritor.
Lenguaje	Adjetivos expresivos y otras palabras describen a los personajes, el ambiente y los sucesos.	Algunos adjetivos expresivos describen a los personajes, el ambiente y los sucesos.	Pocos adjetivos expresivos describen a los personajes, el ambiente y los sucesos.	Uso limitado de palabras descriptivas; lenguaje redundante.	Palabras imprecisas o mal utilizadas.
Oraciones	Variedad de oraciones completas y claras.	La mayoría de las oraciones están claras y completas; algo de variedad.	Oraciones generalmente claras y completas; algo de variedad.	Pocas oraciones claras y completas; no mucha variedad.	Muchas oraciones incompletas o incoherentes.
Normas	Utiliza correctamente los adjetivos pedidos; pocos o ningún error.	Utiliza correctamente la mayoría de los adjetivos; pocos errores.	Generalmente utiliza correctamente los adjetivos; varios errores.	Utiliza incorrectamente los adjetivos; errores afectan la comprensión.	Errores graves impiden la comprensión.

Guía para calificar	4	3	2	1
Enfoque/Ideas	Narración realista enfocada que cuenta claramente las acciones de los personajes.	Narración enfocada que cuenta las acciones de los personajes.	Narración no claramente enfocada en las acciones de los personajes; no es realista.	Narración no enfocada, no desarrollada o no es realista.
Organización	Tiene un bien desarrollado comienzo, medio y final.	Tiene comienzo, medio y final.	Los sucesos se cuentan en un orden poco claro.	Sucesos poco claros en un orden no razonable.
Voz	Muestra los sentimientos de los personajes y del escritor y el interés de éste.	Muestra los sentimientos de los personajes; algún interés de parte del escritor.	Poca evidencia de los sentimientos de los personajes o del interés del escritor.	No hay evidencia de los sentimientos de los personajes o del interés del escritor.
Lenguaje	Adjetivos expresivos y otras palabras describen a los personajes, el ambiente y los sucesos.	Algunos adjetivos expresivos describen a los personajes, el ambiente y los sucesos.	Uso limitado de palabras descriptivas; lenguaje redundante.	Palabras imprecisas o mal utilizadas.
Oraciones	Variedad de oraciones completas y claras.	La mayoría de las oraciones están claras y completas; algo de variedad.	Pocas oraciones claras y completas; no mucha variedad.	Muchas oraciones incompletas o incoherentes.
Normas	Utiliza correctamente los adjetivos pedidos; pocos o ningún error.	Utiliza correctamente la mayoría de los adjetivos; pocos errores.	Utiliza incorrectamente los adjetivos; errores afectan la comprensión.	Errores graves impiden la comprensión.

NOTA DE AGRADECIMIENTO

Guía para calificar	6	5	4	3	2	1
Enfoque/Ideas	Nota sólida que claramente expresa agradecimiento y las razones de ello.	Nota expresa claramente agradecimiento y las razones de ello.	Nota expresa agradecimiento y las razones de ello.	Alguna expresión de agradecimiento y las razones de ello.	Intentos de expresar agradecimiento y las razones de ello.	Falla en expresar agradecimiento o las razones de ello
Organización	Formato de carta: fecha, saludo con coma, cuerpo, despedida con coma.	Apropiado formato de carta: fecha, saludo con coma, cuerpo, despedida con coma.	Formato de carta correcto: fecha, saludo, cuerpo, despedida.	Formato de carta generalmente correcto: fecha, saludo, cuerpo, despedida, con errores menores.	Formato de carta incorrecto: errores en la fecha, saludo o en la despedida.	Faltan más de dos partes de la carta; no es una nota de agradecimiento.
Voz	Voz amistosa y agradable.	Voz mayormente amistosa y agradable.	Voz adecuadamente amistosa y agradable.	Voz en cierta manera amistosa y agradable.	Voz no agradable o inadecuada para una nota de agradecimiento.	No agradable; falta una voz amistosa.
Lenguaje	Palabras claras de agradecimiento, de carta y de numeración, según lo necesitado.	Palabras mayormente claras de agradecimiento, de carta y de numeración, según lo necesitado.	Utiliza palabras de agradecimiento, de carta y de numeración.	Uso inconsistente de palabras que muestren agradecimiento, de carta y de numeración.	Faltan o son poco claras las palabras de agradecimiento o de carta (como *Querido*).	No hay palabras de agradecimiento o de carta; palabras imprecisas o incorrectas.
Oraciones	Todas las oraciones claras, completas y correctas.	Oraciones mayormente claras, completas y correctas.	La mayoría de las oraciones claras, completas y correctas.	Varias oraciones claras, completas y correctas.	Pocas oraciones claras, completas y correctas.	La mayoría de las oraciones no son claras, están incompletas o son incorrectas.
Normas	Uso de mayúsculas, puntuación, ortografía y palabras de numeración correctas.	Uso de mayúsculas, puntuación, ortografía y palabras de numeración mayormente correctos.	Pocos errores en el uso de mayúsculas, puntuación, ortografía o palabras de numeración.	Varios errores en el uso de mayúsculas, puntuación, ortografía o palabras de numeración.	Errores múltiples en las normas de lenguaje afectan la comprensión.	Errores graves en las normas de lenguaje impiden la comprensión.

Guía para calificar	5	4	3	2	1
Enfoque/Ideas	Nota sólida que claramente expresa agradecimiento y las razones de ello.	Nota expresa claramente agradecimiento y las razones de ello.	Nota expresa agradecimiento y las razones de ello.	Intentos de expresar agradecimiento y las razones de ello.	Falla en expresar agradecimiento o las razones de ello.
Organización	Formato de carta: fecha, saludo con coma, cuerpo, despedida con coma.	Apropiado formato de carta: fecha, saludo con coma, cuerpo, despedida con coma.	Formato de carta generalmente correcto: fecha, saludo, cuerpo, despedida.	Formato de carta incorrecto: errores en la fecha, saludo o en la despedida.	Faltan más de dos partes de la carta; no es una nota de agradecimiento.
Voz	Voz amistosa y agradable.	Voz mayormente amistosa y agradable.	Voz adecuadamente amistosa y agradable.	Voz no agradable o inadecuada para una nota de agradecimiento.	No agradable; falta una voz amistosa.
Lenguaje	Palabras claras de agradecimiento, de carta y de numeración, según lo necesitado.	Palabras mayormente claras de agradecimiento, de carta y de numeración, según lo necesitado.	Utiliza palabras de agradecimiento, de carta y de numeración.	Faltan o son poco claras las palabras de agradecimiento o de carta (como *Querido*).	No hay palabras de agradecimiento o de carta; palabras imprecisas o incorrectas.
Oraciones	Todas las oraciones claras, completas y correctas.	Oraciones mayormente claras, completas y correctas.	La mayoría de las oraciones claras, completas y correctas.	Pocas oraciones claras, completas y correctas.	La mayoría de las oraciones no son claras, están incompletas o son incorrectas.
Normas	Uso de mayúsculas, puntuación, ortografía y palabras de numeración correctas.	Uso de mayúsculas, puntuación, ortografía y palabras de numeración mayormente correctos.	Pocos errores en el uso de mayúsculas, puntuación, ortografía o palabras de numeración.	Errores múltiples en las normas de lenguaje afectan la comprensión.	Errores graves en las normas de lenguaje impiden la comprensión.

Guía para calificar	4	3	2	1
Enfoque/Ideas	Nota sólida que claramente expresa agradecimiento y las razones de ello.	Nota expresa agradecimiento y las razones de ello.	Intentos de expresar agradecimiento y las razones de ello.	Falla en expresar agradecimiento o las razones de ello.
Organización	Formato de carta: fecha, saludo con coma, cuerpo, despedida con coma.	Formato de carta generalmente correcto: fecha, saludo, cuerpo, despedida.	Formato de carta incorrecto: errores en la fecha, saludo o en la despedida.	Faltan más de dos partes de la carta; no es una nota de agradecimiento.
Voz	Voz amistosa y agradable.	Voz mayormente amistosa y agradable.	Voz no agradable o inadecuada para una nota de agradecimiento.	No agradable; falta una voz amistosa.
Lenguaje	Palabras claras de agradecimiento, de carta y de numeración, según lo necesitado.	Utiliza palabras de agradecimiento, de carta y de numeración.	Faltan o son poco claras las palabras de agradecimiento o de carta (como *Querido*).	No hay palabras de agradecimiento o de carta; palabras imprecisas o incorrectas.
Oraciones	Todas las oraciones claras, completas y correctas.	La mayoría de las oraciones claras, completas y correctas.	Pocas oraciones claras, completas y correctas.	La mayoría de las oraciones no son claras, están incompletas o son incorrectas.
Normas	Uso de mayúsculas, puntuación, ortografía y palabras de numeración correctas.	Pocos errores en el uso de mayúsculas, puntuación, ortografía o palabras de numeración.	Errores múltiples en las normas de lenguaje afectan la comprensión.	Errores graves en las normas de lenguaje impiden la comprensión.

Guía para calificar	6	5	4	3	2	1
Enfoque/Ideas	Instrucciones claras; sólido enfoque en la creación de un regalo o en la planificación de una actividad.	Instrucciones mayormente claras; buen enfoque en la creación de un regalo o en la planificación de una actividad.	Instrucciones suficientemente claras; adecuado enfoque en la creación de un regalo o en una actividad.	Instrucciones generalmente enfocadas, inconsistencias menores.	Instrucciones a veces no enfocadas en el tema.	No hay un enfoque real en el tema; no está escrito para instruir al lector.
Organización	Todos los pasos explicados en un orden apropiado y fácil de entender.	La mayoría de los pasos explicados en un orden apropiado y fácil de entender.	Los pasos generalmente explicados en un orden apropiado y fácil de entender.	Los pasos en orden, cierta vaguedad.	Algunos pasos faltantes o no en un orden apropiado y fácil de entender.	No está en un orden comprensible; no hay secuencia de pasos.
Voz	Sólidamente informada acerca del tema; se expresa con entusiasmo.	Informada acerca del tema; entusiasta, la mayor parte.	Suficientemente informada acerca del tema; entusiasta por momentos.	Intentos de involucrarse en el tema; entusiasmo vacilante.	Vagamente involucrada con el tema; no muy entusiasta.	No se evidencia participación con el tema.
Lenguaje	Excelente uso de verbos y adjetivos claros y palabras como *primero, después* y *entonces.*	Utiliza verbos y adjetivos claros y palabras como *primero, después* y *entonces.*	Algunos verbos y adjetivos claros y palabras como *primero, después* y *entonces.*	Inconsistente uso de verbos y adjetivos claros o de palabras como *primero, después* y *entonces.*	Pocos verbos y adjetivos claros o palabras como *primero, después* y *entonces.*	Lenguaje limitado; adjetivos y verbos imprecisos o incorrectos.
Oraciones	Oraciones claras que dicen cómo se hace algo	Oraciones mayormente claras que dicen cómo se debería hacer algo.	Las oraciones dicen lo que debe hacerse.	Varias oraciones poco claras o incorrectas.	Muchas oraciones poco claras o incorrectas.	Oraciones incoherentes o incorrectas.
Normas	Excelente dominio; pocos o ningún error, incluyendo los adjetivos.	Buen dominio; pocos errores, incluyendo los adjetivos.	Dominio adecuado; varios errores, ninguno grave.	Suficiente dominio; con errores, algunos graves.	Poco dominio; suficientes errores como para dificultar la comprensión.	Varios errores graves que impiden la comprensión.

Guía para calificar	5	4	3	2	1
Enfoque/Ideas	Instrucciones claras; sólido enfoque en la creación de un regalo o en la planificación de una actividad.	Instrucciones mayormente claras; buen enfoque en la creación de un regalo o en la planificación de una actividad.	Instrucciones suficientemente claras; adecuado enfoque en la creación de un regalo o en una actividad.	Instrucciones a veces no enfocadas en el tema.	No hay un enfoque real en el tema; no está escrito para instruir al lector.
Organización	Todos los pasos explicados en un orden apropiado y fácil de entender.	La mayoría de los pasos explicados en un orden apropiado y fácil de entender.	Los pasos generalmente explicados en un orden apropiado y fácil de entender.	Algunos pasos faltantes o no en un orden apropiado y fácil de entender.	No está en un orden comprensible; no hay secuencia de pasos.
Voz	Sólidamente informada acerca del tema; se expresa con entusiasmo	Informada acerca del tema; entusiasta, la mayor parte.	Suficientemente informada acerca del tema; entusiasta por momentos.	Vagamente involucrada con el tema; no muy entusiasta.	No se evidencia participación con el tema.
Lenguaje	Excelente uso de verbos y adjetivos claros y palabras como *primero, después* y *entonces.*	Utiliza verbos y adjetivos claros y palabras como *primero, después* y *entonces.*	Algunos verbos y adjetivos claros y palabras como *primero, después* y *entonces.*	Pocos verbos y adjetivos claros o palabras como *primero, después* y *entonces.*	Lenguaje limitado; adjetivos y verbos imprecisos o incorrectos.
Oraciones	Oraciones claras que dicen cómo se hace algo.	Oraciones mayormente claras que dicen cómo se debería hacer algo.	Las oraciones dicen lo que debe hacerse.	Varias oraciones poco claras o incorrectas.	Oraciones incoherentes o incorrectas.
Normas	Excelente dominio; pocos o ningún error, incluyendo los adjetivos.	Buen dominio; pocos errores, incluyendo los adjetivos.	Dominio adecuado; varios errores, ninguno grave.	Poco dominio; suficientes errores como para dificultar la comprensión.	Varios errores graves que impiden la comprensión.

Guía para calificar	4	3	2	1
Enfoque/Ideas	Instrucciones claras; sólido enfoque en la creación de un regalo o en la planificación de una actividad.	Instrucciones mayormente claras; buen enfoque en la creación de un regalo o en la planificación de una actividad.	Instrucciones a veces no enfocadas en el tema.	No hay un enfoque real en el tema; no está escrito para instruir al lector.
Organización	Todos los pasos explicados en un orden apropiado y fácil de entender.	La mayoría de los pasos explicados en un orden apropiado y fácil de entender.	Algunos pasos faltantes o no en un orden apropiado y fácil de entender.	No está en un orden comprensible; no hay secuencia de pasos.
Voz	Informada acerca del tema; se expresa con entusiasmo.	Suficientemente informada acerca del tema; entusiasta, la mayor parte.	Vagamente involucrada con el tema; no muy entusiasta.	No se evidencia participación con el tema.
Lenguaje	Utiliza verbos y adjetivos claros y palabras como *primero, después* y *entonces.*	Algunos verbos y adjetivos claros y palabras como *primero, después* y *entonces.*	Pocos verbos y adjetivos claros o palabras como *primero, después* y *entonces.*	Lenguaje limitado; adjetivos y verbos vagos o incorrectos.
Oraciones	Oraciones claras que dicen cómo se hace algo.	Oraciones mayormente claras que dicen cómo se debería hacer algo.	Varias oraciones poco claras o incorrectas.	Oraciones incoherentes o incorrectas.
Normas	Excelente dominio; pocos o ningún error, incluyendo los adjetivos.	Buen dominio; pocos errores, incluyendo los adjetivos.	Poco dominio; suficientes errores como para dificultar la comprensión.	Varios errores graves que impiden la comprensión.

Guía para calificar	6	5	4	3	2	1
Enfoque/Ideas	Cuento con animales enfocado en el tema; hay elementos fantásticos y detalles claros.	Cuento con animales mayormente enfocado en el tema; algunos detalles.	Cuento con animales a veces enfocado en el tema; hay elementos fantásticos aparentes; faltan detalles.	Cuento con animales a veces en el tema; elementos fantásticos generalmente claros.	Cuento con animales no siempre enfocado en el tema; elementos fantásticos poco claros.	Narración desordenada; falta el elemento fantástico; personajes poco claros
Organización	El cuento tiene un problema identificable que los personajes resuelven.	El cuento tiene un problema que los personajes resuelven.	Los personajes interactúan con un problema, pero no lo resuelven.	El cuento incluye un problema claro.	Hay intentos de incluir un problema que los personajes resuelven	No hay un problema identificable en el cuento que los personajes puedan resolver.
Voz	Muestra un agradable interés en los personajes y sucesos del cuento.	Muestra interés en los personajes y eventos del cuento.	El interés del escritor es evidente.	El interés del escritor en los personajes a veces es evidente.	Necesita mostrar más interés en los personajes y sucesos.	No muestra interés en los personajes y sucesos.
Lenguaje	Palabras precisas y expresivas que le dan vida al cuento.	El lenguaje le da algo de vida al cuento.	Algunas palabras precisas y expresivas.	Lenguaje adecuado.	Lenguaje adecuado pero carente de vitalidad.	Palabras imprecisas o mal utilizadas.
Oraciones	Todas las oraciones claras y completas; utiliza oraciones imperativas.	La mayoría de las oraciones claras y completas; una oración imperativa.	Algunas oraciones claras y completas; una oración imperativa.	Algunas oraciones incompletas o sin conjunción; oraciones imperativas poco claras.	Muchas oraciones incompletas o sin conjunción; oraciones imperativas poco claras.	Muchas oraciones incompletas o sin conjunción; no hay oraciones imperativas.
Normas	Pocos o ningún error, incluyendo la estructura de la oración imperativa.	Pocos errores, ninguno grave; oración imperativa correcta.	Pocos errores, algunos graves; oración imperativa incorrecta.	Varios errores, algunos graves; oración imperativa incorrecta.	Muchos errores; oración imperativa incorrecta.	Muchos errores que impiden la comprensión.

Guía para calificar	5	4	3	2	1
Enfoque/Ideas	Cuento con animales enfocado en el tema; hay elementos fantásticos y detalles claros.	Cuento con animales mayormente enfocado en el tema; algunos detalles.	Cuento con animales a veces en el tema; hay elementos fantásticos aparentes; faltan detalles.	Cuento con animales no siempre enfocado en el tema; elementos fantásticos poco claros.	Narración desordenada; falta el elemento fantástico; personajes poco claros.
Organización	El cuento tiene un problema identificable que los personajes resuelven.	El cuento tiene un problema que los personajes resuelven.	El cuento tiene un problema pero los personajes no lo resuelven.	Hay intentos de incluir un problema que los personajes resuelven.	No hay un problema identificable en el cuento que los personajes puedan resolver.
Voz	Muestra un agradable interés en los personajes y sucesos del cuento.	Muestra interés en los personajes y eventos del cuento.	El interés del escritor en los personajes a veces se evidencia.	Necesita mostrar más interés en los personajes y sucesos.	No muestra interés en los personajes y sucesos.
Lenguaje	Palabras precisas y expresivas que le dan vida al cuento.	Algunas palabras precisas y expresivas para darle vida al cuento.	Lenguaje adecuado.	Lenguaje adecuado pero carente de vitalidad.	Palabras imprecisas o mal utilizadas.
Oraciones	Todas las oraciones claras y completas; utiliza oraciones imperativas.	La mayoría de las oraciones claras y completas; una oración imperativa.	Algunas oraciones incompletas o sin conjunción; oraciones imperativas poco claras.	Muchas oraciones incompletas o sin conjunción; oraciones imperativas poco claras.	Muchas oraciones incompletas o sin conjunción; no hay oraciones imperativas.
Normas	Pocos o ningún error, incluyendo la estructura de la oración imperativa.	Pocos errores, ninguno grave; oración imperativa correcta.	Pocos errores, algunos graves; oración imperativa incorrecta.	Muchos errores; oración imperativa incorrecta.	Muchos errores que impiden la comprensión.

Guía para calificar	4	3	2	1
Enfoque/Ideas	Cuento con animales enfocado en el tema; hay elementos fantásticos y detalles claros.	Cuento con animales mayormente enfocado en el tema; algunos detalles.	Cuento con animales no siempre enfocado en el tema; elementos fantásticos poco claros.	Narración desordenada; falta el elemento fantástico; personajes poco claros.
Organización	El cuento tiene un problema identificable que los personajes resuelven.	El cuento tiene un problema que los personajes resuelven.	Hay intentos de incluir un problema que los personajes resuelven.	No hay un problema identificable en el cuento que los personajes puedan resolver.
Voz	Muestra un agradable interés en los personajes y sucesos del cuento.	Muestra interés en los personajes y eventos del cuento.	Necesita mostrar más interés en los personajes y sucesos.	No muestra interés en los personajes y sucesos.
Lenguaje	Palabras precisas y expresivas que le dan vida al cuento.	Algunas palabras precisas y expresivas para darle vida al cuento.	Lenguaje adecuado pero carente de vitalidad.	Palabras imprecisas o mal utilizadas.
Oraciones	Todas las oraciones claras y completas; utiliza oraciones imperativas.	La mayoría de las oraciones claras y completas; una oración imperativa.	Algunas oraciones incompletas o sin conjunción; oraciones imperativas poco claras.	Muchas oraciones incompletas o sin conjunción; no hay oraciones imperativas.
Normas	Pocos o ningún error, incluyendo la estructura de la oración imperativa.	No hay errores graves; oración imperativa correcta.	Muchos errores; oración imperativa incorrecta.	Muchos errores que impiden la comprensión.

Guía para calificar	6	5	4	3	2	1
Enfoque/Ideas	Dirigida a la princesa; claramente expresa los sentimientos del escritor sobre el tema.	Dirigida a la princesa; expresa bastante bien los sentimientos del escritor sobre el tema.	Dirigida a la princesa; expresa suficientemente bien los sentimientos del escritor sobre el tema.	Dirigida a la princesa; a veces expresa los sentimientos del escritor sobre el tema.	Dirigida a la princesa; intenta expresar los sentimientos del escritor sobre el tema.	No expresa los sentimientos del escritor sobre el tema; no está dirigida a la princesa.
Organización	Saludo y cierre amistoso; información sobre el cuento e ideas del escritor.	Todas las partes de la carta, información del cuento e ideas del escritor.	Incluye partes de la carta e ideas del escritor.	Falta una parte de la carta; ideas en orden suficientemente sensible.	Faltan una o dos partes de la carta; ideas no están en orden sensible.	Faltan más de dos partes de la carta; ideas no están ordenadas.
Voz	Muestra claro conocimiento del cuento y establece sólidamente los sentimientos del escritor.	Muestra conocimiento del cuento y establece los sentimientos del escritor.	Muestra algo de conocimiento del cuento y establece los sentimientos del escritor.	Los sentimientos del escritor se establecen vagamente.	Muestra poco conocimiento del cuento; no establece claramente los sentimientos.	No hay conocimiento del cuento; poco involucrado con el tema.
Lenguaje	Palabras expresivas y precisas expresan ideas y sentimientos, incluye pronombres.	Buen uso de palabras expresivas y precisas; incluye pronombres.	Bastantes palabras expresivas y precisas para ideas y sentimientos, incluye pronombres.	Algunas palabras expresivas y precisas para ideas y sentimientos; incluye pronombres.	Pocas palabras expresivas y precisas para ideas y sentimientos y pocos pronombres.	Palabras imprecisas o repetidas; no hay pronombres correctos.
Oraciones	Todas las oraciones claras y completas; oraciones variadas	La mayoría de las oraciones claras y completas; buena variedad	Suficientes oraciones claras y completas; suficiente variedad	Algunas oraciones claras y completas; algo de variedad.	Pocas oraciones claras y completas; poca variedad.	Oraciones incompletas, poco claras y poco variadas.
Normas	Utiliza correctamente los pronombres; pocos o ningún error en las normas de lenguaje.	Utiliza correctamente los pronombres; no hay errores graves de normas.	Utiliza correctamente los pronombres; alguno que otro error grave de normas.	Utiliza correctamente algunos pronombres; alguno que otro error grave de normas.	Utiliza los pronombres incorrectamente; errores graves en las normas.	Muchos errores graves impiden la comprensión.

Guía para calificar	5	4	3	2	1
Enfoque/Ideas	Dirigida a la princesa; claramente expresa los sentimientos del escritor sobre el tema.	Dirigida a la princesa; expresa bastante bien los sentimientos del escritor sobre el tema.	Dirigida a la princesa; expresa suficientemente bien los sentimientos del escritor sobre el tema.	Dirigida a la princesa; intenta expresar los sentimientos del escritor sobre el tema.	No expresa los sentimientos del escritor sobre el tema; no está dirigida a la princesa.
Organización	Saludo y cierre amistoso; información sobre el cuento e ideas del escritor.	Incluye partes de la carta, información sobre el cuento e ideas del escritor.	Falta una parte de la carta; ideas en orden suficientemente sensible.	Faltan una o dos partes de la carta; ideas no están en orden sensible.	Faltan más de dos partes de la carta; ideas no están ordenadas.
Voz	Muestra conocimiento del cuento y establece sólidamente los sentimientos del escritor.	Muestra algo de conocimiento del cuento y establece los sentimientos del escritor.	Los sentimientos del escritor se establecen vagamente.	Muestra poco conocimiento del cuento; no establece claramente los sentimientos.	No hay conocimiento del cuento; poco involucrado con el tema.
Lenguaje	Palabras expresivas y precisas expresan ideas y sentimientos, incluye pronombres.	Bastantes palabras expresivas y precisas para ideas y sentimientos, incluye pronombres.	Algunas palabras expresivas y precisas para ideas y sentimientos; incluye pronombres.	Pocas palabras expresivas y precisas para ideas y sentimientos y pocos pronombres.	Palabras imprecisas o repetidas; no hay pronombres correctos.
Oraciones	Todas las oraciones claras y completas; oraciones variadas.	La mayoría de las oraciones claras y completas; buena variedad.	Algunas oraciones claras y completas; algo de variedad.	Pocas oraciones claras y completas; poca variedad.	Oraciones incompletas, poco claras y poco variadas.
Normas	Utiliza correctamente los pronombres; pocos o ningún error en las normas de lenguaje.	Utiliza correctamente los pronombres; no hay errores graves de normas.	Utiliza correctamente algunos pronombres; alguno que otro error grave de normas.	Utiliza los pronombres incorrectamente; errores graves en las normas.	Muchos errores graves impiden la comprensión.

Guía para calificar	4	3	2	1
Enfoque/Ideas	Dirigida a la princesa; claramente expresa los sentimientos del escritor sobre el tema.	Dirigida a la princesa; expresa bastante bien los sentimientos del escritor sobre el tema.	Dirigida a la princesa; intenta expresar los sentimientos del escritor sobre el tema.	No expresa los sentimientos del escritor sobre el tema; no está dirigida a la princesa.
Organización	Saludo y cierre amistoso; información sobre el cuento e ideas del escritor.	Incluye partes de la carta, información sobre el cuento e ideas del escritor.	Faltan una o dos partes de la carta; ideas no están en orden sensible.	Faltan más de dos partes de la carta; ideas no están ordenadas.
Voz	Muestra conocimiento del cuento y establece sólidamente los sentimientos del escritor.	Muestra algo de conocimiento del cuento y establece los sentimientos del escritor.	Muestra poco conocimiento del cuento; no establece claramente los sentimientos.	No hay conocimiento del cuento; poco involucrado con el tema.
Lenguaje	Palabras expresivas y precisas expresan ideas y sentimientos, incluye pronombres.	Algunas palabras expresivas y precisas para ideas y sentimientos; incluye pronombres.	Pocas palabras expresivas y precisas para ideas y sentimientos y pocos pronombres.	Palabras imprecisas o repetidas; no hay pronombres correctos.
Oraciones	Todas las oraciones claras y completas; oraciones variadas.	La mayoría de las oraciones claras y completas; algo de variedad.	Pocas oraciones claras y completas; poca variedad.	Oraciones incompletas, poco claras y poco variadas.
Normas	Utiliza correctamente los pronombres; pocos o ningún error en las normas de lenguaje.	Utiliza correctamente los pronombres; no hay errores graves de normas.	Utiliza los pronombres incorrectamente; errores graves en las normas.	Muchos errores graves impiden la comprensión.

Guía para calificar	6	5	4	3	2	1
Enfoque/Ideas	Tres preguntas claras del interés del escritor y una buena respuesta a una de las preguntas.	Tres preguntas generalmente claras y una respuesta pertinente a una pregunta.	Tres preguntas; respuesta poco clara a una pregunta.	Tres preguntas pero no del todo claras; intentos de responder una pregunta.	Una o dos oraciones con forma de preguntas; intentos de respuesta, pero no claros.	Oraciones desordenadas que no forman preguntas; no hay respuestas claras.
Organización	Hace tres preguntas bien definidas, con una respuesta relevante a continuación.	Hace tres preguntas generalmente definidas; la respuesta se relaciona con la pregunta.	Una o dos preguntas generalmente definidas; la respuesta se relaciona con la pregunta.	Una o dos preguntas generalmente definidas; la respuesta no se relaciona con la pregunta.	Preguntas no definidas; la respuesta no proporciona la información necesaria.	No hay preguntas identificables; no hay un orden pregunta-respuesta.
Voz	Muestra el interés personal del escritor en todas las preguntas y en la respuesta.	Generalmente muestra el interés del escritor en las preguntas y en la respuesta.	El interés del escritor en las preguntas y en la respuesta está a veces claro.	Cierta evidencia del interés del escritor en las preguntas y en la respuesta.	Poca evidencia del interés del escritor en las preguntas y en la respuesta.	No se evidencia participación.
Lenguaje	*Quién, qué, cuándo, dónde, por qué* o *cómo;* muchas palabras claras; utiliza un pronombre.	*Quién, qué, cuándo, dónde, por qué* o *cómo*; algunas palabras claras.	Las palabras de pregunta a veces están correctas; no hay pronombres.	Las palabras de pregunta no están del todo incorrectas; palabras no siempre claras.	Las palabras de pregunta están incorrectas.	Palabras imprecisas o mal utilizadas.
Oraciones	Tres oraciones interrogativas; una respuesta en oración declarativa.	Tres oraciones interrogativas; respuestas declaratives.	Dos oraciones reconociblemente interrogativas; la respuesta no muy clara.	Una oracion reconociblemente interrogativa; la respuesta no muy clara.	Una oracion reconociblemente interrogativa.	Ninguna oración interrogativa reconocible; oraciones incorrectas.
Normas	Todas las preguntas comienzan y terminan en signos de interrogación; Ningún error.	Dos o tres preguntas comienzan y terminan en claros signos de interrogación; pocos errores.	Dos preguntas comienzan y terminan en signos de interrogación; varios errores, alguno grave.	Una pregunta comienza y termina en signos de interrogación; algunos errores graves.	Se usan correctamente los signos de interrogación, pero errores graves dificultan la comprensión.	Los signos de interrogación no se usan correctamente; los errores impiden la comprensión.

Guía para calificar	5	4	3	2	1
Enfoque/Ideas	Tres preguntas claras del interés del escritor y una buena respuesta a una pregunta	Tres preguntas generalmente claras y una respuesta pertinente a una pregunta.	Tres preguntas; respuesta poco clara a una pregunta.	Tres preguntas pero no del todo claras; intentos de responder una pregunta.	Oraciones desordenadas que no forman preguntas; no hay respuestas claras.
Organización	Hace tres preguntas bien definidas, con una respuesta relevante a continuación.	Hace tres preguntas generalmente definidas; la respuesta se relaciona con la pregunta.	Una o dos preguntas generalmente definidas; la respuesta no se relaciona con la pregunta.	Preguntas no definidas; la respuesta no proporciona la información necesaria.	No hay preguntas identificables; no hay un orden pregunta-respuesta.
Voz	Muestra el interés personal del escritor en todas las preguntas y en la respuesta.	Generalmente muestra el interés del escritor en las preguntas y en la respuesta.	El interés del escritor en las preguntas y en la respuesta está a veces claro.	Poca evidencia del interés del escritor en las preguntas y en la respuesta.	No se evidencia participación.
Lenguaje	*Quién, qué, cuándo, dónde, por qué* o *cómo*; muchas palabras claras; utiliza un pronombre.	*Quién, qué, cuándo, dónde, por qué* o *cómo*; algunas palabras claras.	Las palabras de pregunta a veces están correctas; palabras no siempre claras.	Las palabras de pregunta no están correctas; palabras no siempre claras.	Palabras imprecisas o mal utilizadas.
Oraciones	Tres oraciones interrogativas; una respuesta en oración declarativa	Tres oraciones interrogativas; respuestas declarativas.	Dos oraciones reconociblemente interrogativas; la respuesta no muy clara.	Una oracion reconociblemente interrogativa; la respuesta no muy clara.	Ninguna oración interrogativa reconocible; oraciones incorrectas.
Normas	Todas las preguntas comienzan y terminan en signos de interrogación; Ningún error.	Dos o tres preguntas comienzan y terminan en claros signos de interrogación; pocos errores.	Dos preguntas comienzan y terminan en signos de interrogación; varios errores, alguno grave.	Una pregunta comienza y termina en signos de interrogación; algunos errores graves.	Los signos de interrogación no se usan correctamente; los errores impiden la comprensión.

Guía para calificar	4	3	2	1
Enfoque/Ideas	Tres preguntas claras del interés del escritor y una buena respuesta a una pregunta.	Tres preguntas generalmente claras y una respuesta pertinente a una pregunta.	Tres preguntas pero no del todo claras; intentos de responder una pregunta.	Oraciones desordenadas que no forman preguntas; no hay respuestas claras.
Organización	Hace tres preguntas bien definidas, con una respuesta relevante a continuación.	Hace tres preguntas generalmente definidas; la respuesta se relaciona con la pregunta.	Preguntas no definidas; la respuesta no proporciona la información necesaria.	No hay preguntas identificables; no hay un orden pregunta-respuesta.
Voz	Muestra el interés personal del escritor en todas las preguntas y en la respuesta.	Generalmente muestra el interés del escritor en las preguntas y en la respuesta.	Poca evidencia del interés del escritor en las preguntas y en la respuesta.	No se evidencia participación.
Lenguaje	*Quién, qué, cuándo, dónde, por qué* o *cómo*; muchas palabras claras; utiliza un pronombre.	*Quién, qué, cuándo, dónde, por qué* o *cómo*; algunas palabras claras.	Las palabras de pregunta no siempre están correctas; palabras no siempre claras.	Palabras imprecisas o mal utilizadas.
Oraciones	Tres oraciones interrogativas; una respuesta en oración declarativa.	Tres oraciones interrogativas; respuestas declarativas.	Dos oraciones reconociblemente interrogativas; la respuesta no muy clara.	Una o ninguna oración interrogativa reconocible; oraciones incorrectas.
Normas	Todas las preguntas comienzan y terminan en signos de interrogación; pocos o ningún error.	Dos o tres preguntas comienzan y terminan en claros signos de interrogación; pocos errores.	Una o dos preguntas comienzan y terminan en signos de interrogación; algunos errores graves.	Los signos de interrogación no se usan correctamente; los errores impiden la comprensión.

AVISO

Guía para calificar	6	5	4	3	2	1
Enfoque/Ideas	Todo el aviso proporciona razones para que la gente use la máquina escogida.	El aviso brinda algunas razones para que la gente use la máquina escogida.	El aviso brinda razones poco claras para que la gente use la máquina escogida.	El aviso no siempre enfocado en razones para utilizar la máquina escogida.	Aviso a veces enfocado en razones para utilizar la máquina.	Aviso no enfocado en razones para utilizar la máquina.
Organización	Se identifica la máquina al principio; vívida descripción de las razones para usarla.	Se identifica la máquina al principio; razones claras para usarla.	Se identifica la máquina al principio; razones poco claras para usarla.	No se identifica la máquina al principio; razones débiles para usarla.	Máquina identificada al final del aviso; no hay razones para usarla.	No se identifica la máquina; no hay razones reconocibles para usarla.
Voz	Claramente al tanto del propósito del aviso; informada e interesada.	Mayormente al tanto del propósito del aviso; interesada.	No está claro el interés del escritor en la máquina.	Poco al tanto del propósito del aviso; débil evidencia de interés.	Poca evidencia de interés o participación.	Ninguna evidencia de participación.
Lenguaje	Usa palabras exactas para convencer a los lectores y pronombres para la máquina.	Algunas palabras exactas y persuasivas para el propósito; un pronombre.	Intentos de utilizar palabras exactas y persuasivas.	Pocos intentos de utilizar palabras exactas y persuasivas o pronombres.	No hay intentos de utilizar palabras persuasivas.	Palabras imprecisas o incorrectas; sin pronombres correctos.
Oraciones	Todas las oraciones construidas correctamente.	La mayoría de las oraciones construidas correctamente.	Suficientes oraciones construidas correctamente.	Algunas oraciones construidas correctamente.	Pocas oraciones construidas correctamente.	Oraciones construidas incorrectamente.
Normas	Excelente dominio; uso correcto en todos los pronombres; pocos o ningún error.	Buen dominio; uso correcto de uno o varios pronombres; pocos errores.	Suficiente dominio; pocos pronombres incorrectos; varios errores, ninguno grave.	Limitado dominio; pronombres incorrectos; varios errores, algunos graves.	Poco dominio; pronombres incorrectos; errores dificultan la comprensión.	Muchos errores graves impiden la comprensión.

Guía para calificar	5	4	3	2	1
Enfoque/Ideas	Todo el aviso proporciona razones para que la gente use la máquina escogida.	El aviso brinda algunas razones para que la gente use la máquina escogida.	El aviso brinda razones poco claras para que la gente use la máquina escogida.	El aviso no siempre enfocado en razones para utilizar la máquina escogida.	Aviso no enfocado en razones para utilizar la máquina.
Organización	Se identifica la máquina al principio; vívida descripción de las razones para usarla.	Se identifica la máquina al principio; razones claras para usarla.	Se identifica la máquina al principio; razones poco claras para usarla.	No se identifica la máquina al principio; razones débiles para usarla.	No se identifica la máquina; no hay razones reconocibles para usarla.
Voz	Claramente al tanto del propósito del aviso; informada e interesada.	Mayormente al tanto del propósito del aviso; interesada.	No está claro el interés del escritor en la máquina.	Poco al tanto del propósito del aviso; débil evidencia de interés.	Poca evidencia de participación.
Lenguaje	Usa palabras exactas para convencer a los lectores y pronombres para la máquina.	Algunas palabras exactas y persuasivas para el propósito; un pronombre.	Intentos de utilizar palabras exactas y persuasivas.	Pocos intentos de utilizar palabras exactas y persuasivas o pronombres.	Palabras imprecisas o incorrectas; sin pronombres correctos.
Oraciones	Todas las oraciones construidas correctamente.	La mayoría de las oraciones construidas correctamente.	Suficientes oraciones construidas correctamente.	Pocas oraciones construidas correctamente.	Oraciones construidas incorrectamente.
Normas	Excelente dominio; uso correcto en todos los pronombres; pocos o ningún error.	Buen dominio; uso correcto de uno o varios pronombres; pocos errores.	Limitado dominio; pronombres incorrectos; varios errores, algunos graves.	Poco dominio; pronombres incorrectos; errores dificultan la comprensión.	Muchos errores graves impiden la comprensión.

Guía para calificar	4	3	2	1
Enfoque/Ideas	Todo el aviso proporciona razones para que la gente use la máquina escogida.	El aviso brinda algunas razones para que la gente use la máquina escogida.	El aviso no siempre enfocado en razones para utilizar la máquina escogida.	Aviso no enfocado en razones para utilizar la máquina.
Organización	Se identifica la máquina al principio; vívida descripción de las razones para usarla.	Se identifica la máquina al principio; razones claras para usarla.	No se identifica la máquina al principio; razones débiles para usarla.	No se identifica la máquina; no hay razones reconocibles para usarla.
Voz	Claramente al tanto del propósito del aviso; informada e interesada.	Mayormente al tanto del propósito del aviso; interesada.	Poco al tanto del propósito del aviso; débil evidencia de interés.	Poca evidencia de participación.
Lenguaje	Usa palabras exactas para convencer a los lectores y pronombres para la máquina.	Algunas palabras exactas y persuasivas para el propósito; un pronombre.	Pocos intentos de utilizar palabras exactas y persuasivas o pronombres.	Palabras imprecisas o incorrectas; sin pronombres correctos.
Oraciones	Todas las oraciones construidas correctamente.	La mayoría de las oraciones construidas correctamente.	Pocas oraciones construidas correctamente.	Oraciones construidas incorrectamente.
Normas	Excelente dominio; uso correcto en todos los pronombres; pocos o ningún error.	Buen dominio; uso correcto de uno o varios pronombres; pocos errores.	Poco dominio; pronombres incorrectos; errores dificultan la comprensión.	Muchos errores graves impiden la comprensión.

Guía para calificar	6	5	4	3	2	1
Enfoque/Ideas	Excelente narración de la vida del niño, con sucesos reales acerca de habilidades.	Buena narración de la vida del niño, mayormente enfocada en sucesos o habilidades.	Adecuada narración de la vida del niño, generalmente enfocada en sucesos.	Narración sobre la vida del niño no claramente enfocada; sucesos no identificados.	Poco enfoque en la narración sobre sucesos de la vida del niño.	Sin enfoque ni detalles en la narración acerca de los sucesos o habilidades del niño
Organización	Todas las oraciones dentro del tema, en orden de tiempo desde el principio hasta el final.	La mayoría de las oraciones dentro del tema; generalmente en orden de tiempo.	Algunas oraciones en orden de tiempo.	Algunas oraciones no están en orden de tiempo; falta el medio o el final.	Pocas oraciones están en orden de tiempo.	Sucesos no están en un orden de tiempo sensible.
Voz	Las experiencias y sentimientos del escritor claras y reconocibles.	Las experiencias y sentimientos del escritor generalmente claras.	Las experiencias y sentimientos del escritor son evidentes.	Muestra poco las experiencias y sentimientos del escritor acerca de los sucesos.	Poco sentido de las experiencias y sentimientos del escritor acerca de los sucesos.	No se evidencian los sentimientos o las experiencias del escritor.
Lenguaje	Palabras expresivas y precisas muestran cómo, cuándo y dónde; utiliza *yo, mí* y *mi*.	Algunas palabras expresivas y precisas dicen cómo, cuándo y dónde; utiliza *yo, mí* y *mi*.	Lenguaje adecuado, especialmente los adverbios; ocasionalmente utiliza incorrectamente *yo, mí* o *mi*.	Lenguaje limitado, especialmente los adverbios; mal uso de *yo, mí* y *mi*.	Lenguaje pobre; mal uso o ningún uso de *yo, mí* y *mi*.	Lenguaje impreciso y confuso.
Oraciones	Todas las oraciones están correctas; las oraciones trabajan en conjunto para decir las ideas del escritor.	La mayoría de las oraciones están correctas; las oraciones dicen las ideas del escritor.	Pocas oraciones están incorrectas; algunas oraciones dicen las ideas del escritor.	Algunas oraciones incorrectas; algunas oraciones dicen las ideas del escritor.	Muchas oraciones incorrectas; pocas oraciones dicen las ideas del escritor.	Oraciones incorrectas, incompletas o poco claras; falta coherencia.
Normas	Pocos o ningún error, incluyendo el uso de *yo, mi* y *mí* y de los adverbios.	Pocos errores; uso correcto de *yo, mi* y *mí* y de los adverbios.	Algunos errores; uso correcto de *yo, mi* y *mí* y de los adverbios.	Muchos errores; uso incorrecto de *yo, mi* y *mí* y de los adverbios.	Numerosos errores; uso incorrecto de *yo, mi* y *mí* y de los adverbios.	Errores graves impiden la comprensión; uso incorrecto de *yo, mi* y *mí* y de los adverbios.

Guía para calificar	5	4	3	2	1
Enfoque/Ideas	Excelente narración de la vida del niño, con sucesos reales acerca de habilidades.	Buena narración de la vida del niño, mayormente enfocada en sucesos o habilidades.	Adecuada narración de la vida del niño, generalmente enfocada en sucesos.	Narración sobre la vida del niño no claramente enfocada; sucesos no identificados.	Sin enfoque ni detalles en la narración acerca de los sucesos o habilidades del niño.
Organización	Todas las oraciones dentro del tema, en orden de tiempo desde el principio hasta el final.	La mayoría de las oraciones dentro del tema; generalmente en orden de tiempo.	Algunas oraciones en orden de tiempo.	Algunas oraciones no están en orden de tiempo; falta el medio o el final.	Sucesos no están en un orden de tiempo sensible.
Voz	Las experiencias y sentimientos del escritor claras y reconocibles.	Las experiencias y sentimientos del escritor generalmente claras.	Las experiencias y sentimientos del escritor son evidentes.	Muestra poco las experiencias y sentimientos del escritor acerca de los sucesos.	Poco sentido de las experiencias y sentimientos del escritor acerca de los sucesos.
Lenguaje	Palabras expresivas y precisas muestran cómo, cuándo y dónde; utiliza *yo, mí* y *mi*.	Algunas palabras expresivas y precisas dicen cómo, cuándo y dónde; utiliza *yo, mí* y *mi*.	Lenguaje adecuado, especialmente los adverbios; ocasionalmente utiliza incorrectamente *yo, mí* o *mi*.	Lenguaje limitado, especialmente los adverbios; mal uso de *yo, mí* y *mi*.	Lenguaje impreciso y confuso.
Oraciones	Todas las oraciones están correctas; las oraciones trabajan en conjunto para decir las ideas del escritor.	La mayoría de las oraciones están correctas; las oraciones dicen las ideas del escritor	Pocas oraciones están incorrectas; algunas oraciones dicen las ideas del escritor.	Algunas oraciones incorrectas; algunas oraciones dicen las ideas del escritor.	Oraciones incorrectas, incompletas o poco claras; falta coherencia.
Normas	Pocos o ningún error, incluyendo el uso de *yo, mi* y *mí* y de los adverbios.	Pocos errores; uso correcto de *yo, mi* y *mí* y de los adverbios.	Algunos errores; uso incorrecto de *yo, mi* y *mí* y de los adverbios.	Numerosos errores; uso incorrecto de *yo, mi* y *mí* y de los adverbios.	Errores graves impiden la comprensión; uso incorrecto de *yo, mi* y *mí* y de los adverbios.

Guía para calificar	4	3	2	1
Enfoque/Ideas	Excelente narración de la vida del niño, con sucesos reales acerca de habilidades.	Buena narración de la vida del niño, mayormente enfocada en sucesos o habilidades.	Narración sobre la vida del niño no claramente enfocada; sucesos no identificados.	Sin enfoque ni detalles en la narración acerca de los sucesos o habilidades del niño.
Organización	Todas las oraciones dentro del tema, en orden de tiempo desde el principio hasta el final.	La mayoría de las oraciones dentro del tema; generalmente en orden de tiempo.	Algunas oraciones no están en orden de tiempo; falta el medio o el final.	Sucesos no están en un orden de tiempo sensible.
Voz	Las experiencias y sentimientos del escritor claras y reconocibles.	Las experiencias y sentimientos del escritor generalmente claras.	Muestra poco las experiencias y sentimientos del escritor acerca de los sucesos.	Poco sentido de las experiencias y sentimientos del escritor acerca de los sucesos.
Lenguaje	Palabras expresivas y precisas muestran cómo, cuándo y dónde; utiliza *yo, mí* y *mi*.	Algunas palabras expresivas y precisas dicen cómo, cuándo y dónde; utiliza *yo, mí* y *mi*.	Lenguaje limitado, especialmente los adverbios; mal uso de *yo, mí* y *mi*.	Lenguaje impreciso y confuso.
Oraciones	Todas las oraciones están correctas; las oraciones trabajan en conjunto para decir las ideas del escritor.	La mayoría de las oraciones están correctas; las oraciones dicen las ideas del escritor.	Algunas oraciones incorrectas; algunas oraciones dicen las ideas del escritor.	Oraciones incorrectas, incompletas o poco claras; falta coherencia.
Normas	Pocos o ningún error, incluyendo el uso de *yo, mi* y *mí* y de los adverbios.	Pocos errores; uso correcto de *yo, mi* y *mí* y de los adverbios.	Numerosos errores; uso incorrecto de *yo, mi* y *mí* y de los adverbios.	Errores graves impiden la comprensión; uso incorrecto de *yo, mi* y *mí* y de los adverbios.

Guía para calificar	6	5	4	3	2	1
Enfoque/Ideas	Poema con sólido enfoque en hacer una cosa vieja nueva otra vez	Poema con enfoque claro en hacer nueva otra vez una cosa vieja.	Poema generalmente enfocado en hacer nueva otra vez una cosa vieja	Poema con enfoque débil en hacer nueva otra vez una cosa vieja.	Se asemeja a un poema; enfoque débil en el tema	Oraciones desordenadas o versos con un tema poco claro; no es un poema.
Organización	Oraciones cuidadosamente organizadas; acciones o ideas comprensibles.	Oraciones organizadas; generalmente cuenta acciones o ideas comprensibles.	Oraciones generalmente organizadas; contiene algunas acciones o ideas.	No consistentemente organizado en versos.	Raramente organizado en versos.	Orden no reconocible.
Voz	Imaginativa y original, muestra interés en el tema y en el lenguaje.	Mayormente imaginativa y originial; algún interés en el tema y el lenguaje.	Trata de ser original; poco interés en el tema.	Trata de ser imaginativa; no original.	La imaginación del escritor no está presente.	Ni imaginativa ni original.
Lenguaje	Palabras expresivas, palabras que riman y dos frases preposicionales.	Varias palabras expresivas y palabras que riman; dos frases preposicionales.	Algunas palabras expresivas y palabras que riman; una frase preposicional.	Pocas palabras expresivas o palabras con rima; intenta hacer frases preposicionales.	Lenguaje limitado y sin brillo.	Palabras imprecisas o incorrectas; no hay frases preposicionales.
Oraciones	Oraciones claras y correctas que suenan bien cuando se leen en voz alta.	Oraciones mayormente claras y correctas; suenan como un poema cuando se leen en voz alta.	Algunas oraciones son poco claras o incorrectas; no suena como un poema.	Varias oraciones son poco claras o incorrectas; no suena como un poema.	La mayoría de las oraciones son poco claras o incorrectas.	Oraciones incoherentes o incorrectas.
Normas	Puntuación y frases preposicionales correctas; pocos o ningún error.	Puntuación y frases preposicionales correctas; pocos errores.	Puntuación y frases preposicionales generalmente correctas; muchos errores, ninguno grave.	Puntuación y frases preposicionales ocasionalmente incorrectas; varios errores graves.	Puntuación y frases preposicionales incorrectas; errores graves.	Muchos errores graves (incluyendo en la puntuación) impiden la comprensión.

Guía para calificar	5	4	3	2	1
Enfoque/Ideas	Poema con sólido enfoque en hacer una cosa vieja nueva otra vez.	Poema con enfoque claro en hacer nueva otra vez una cosa vieja.	Poema generalmente enfocado en hacer nueva otra vez una cosa vieja.	Poema con enfoque débil en hacer nueva otra vez una cosa vieja.	Oraciones desordenadas o versos con un tema poco claro; no es un poema.
Organización	Oraciones cuidadosamente organizadas; acciones o ideas comprensibles.	Oraciones organizadas; generalmente cuenta acciones o ideas comprensibles.	Oraciones generalmente organizadas; contiene algunas acciones o ideas.	No consistentemente organizado en versos; expresa algunas acciones o ideas.	Orden no reconocible.
Voz	Imaginativa y original, muestra interés en el tema y en el lenguaje.	Mayormente imaginativa y originial; algún interés en el tema y el lenguaje.	Trata de ser original; poco interés en el tema.	Trata de ser imaginativa; no original.	Ni imaginativa ni original.
Lenguaje	Palabras expresivas, palabras que riman y dos frases preposicionales.	Varias palabras expresivas y palabras que riman; dos frases preposicionales.	Algunas palabras expresivas y palabras que riman; una frase preposicional.	Pocas palabras expresivas o palabras con rima; intenta hacer frases preposicionales.	Palabras imprecisas o incorrectas; no hay frases preposicionales.
Oraciones	Oraciones claras y correctas que suenan bien cuando se leen en voz alta.	Oraciones mayormente claras y correctas; suenan como un poema cuando se leen. en voz alta	Varias oraciones son poco claras o incorrectas; no suena como un poema.	La mayoría de las oraciones son poco claras o incorrectas; no suena como un poema.	Oraciones incoherentes o incorrectas.
Normas	Puntuación y frases preposicionales correctas; pocos o ningún error.	Puntuación y frases preposicionales correctas; pocos errores.	Puntuación y frases preposicionales ocasionalmente incorrectas; algunos errores graves.	Puntuación y frases preposicionales incorrectas; algunos errores graves.	Muchos errores graves (Incluyendo en la puntuación) impiden la comprensión.

Guía para calificar	4	3	2	1
Enfoque/Ideas	Poema con sólido enfoque en hacer una cosa vieja nueva otra vez.	Poema con enfoque claro en hacer nueva otra vez una cosa vieja.	Poema con enfoque débil en hacer nueva otra vez una cosa vieja.	Oraciones desordenadas o versos con un tema poco claro; no es un poema.
Organización	Oraciones cuidadosamente organizadas; acciones o ideas comprensibles.	Oraciones organizadas; generalmente cuenta acciones o ideas comprensibles.	No consistentemente organizado en versos; expresa algunas acciones o ideas.	Orden no reconocible.
Voz	Imaginativa y original, muestra interés en el tema y en el lenguaje.	Mayormente imaginativa y original; algún interés en el tema y el lenguaje.	Trata de ser imaginativa; no original.	Ni imaginativa ni original.
Lenguaje	Palabras expresivas, palabras que riman y dos frases preposicionales.	Algunas palabras expresivas y palabras que riman; una frase preposicional.	Pocas palabras expresivas o palabras con rima; intenta hacer frases preposicionales.	Palabras imprecisas o incorrectas; no hay frases preposicionales.
Oraciones	Oraciones claras y correctas que suenan bien cuando se leen en voz alta.	Oraciones mayormente claras y correctas; suenan como un poema cuando se leen en voz alta.	La mayoría de las oraciones son poco claras o incorrectas; no suena como un poema.	Oraciones incoherentes o incorrectas.
Normas	Puntuación y frases preposicionales correctas; pocos o ningún error.	Puntuación y frases preposicionales correctas; pocos errores.	Puntuación y frases preposicionales incorrectas; algunos errores graves.	Muchos errores graves (incluyendo en la puntuación) impiden la comprensión.